KB043664

─┼── 심리학아니다 ──┼─
심리술이다

KUROSUGIRU SINRIJUTSU
Copyright © 2020 by Romeo RODRIGUEZ Jr.
All rights reserved.
First original Japanese edition published by PHP Institute, Inc., Japan.
Korean translation rights arranged with PHP Institute, Inc.
through Tony International.

이 책은 토니 인터내셔널을 통한 PHP Institute, Inc.와의 독점 계약으로,
한국어판 저작권은 "경원북스"에 있습니다. 저작권법에 의해 한국 내에서 보호를 받는
저작물이므로 무단전재와 무단복제를 금합니다.

심리학아니다
심리술이다

초판 1쇄 발행   2021년 5월 7일

지은이   로미오 로드리게스 Jr.
옮긴이   하진수
출판기획   마인더브
등록   2018년 3월 27일 (제307-2018-15호)
펴낸곳   경원북스
주소   서울시 광진구 아차산로 375(B1, 105호)
전화   02-2285-3999
팩스   02-6442-0645
인쇄   두경M&P
이메일   kyoungwonbooks@gmail.com

ISBN 979-11-89953-21-8 (03190)
정가 13,800원
잘못된 책은 본사나 구입하신 서점에서 교환해 드립니다.

신저작권법에 의해 한국 내에서 보호받는 저작물이므로 저작권자의 서면 허락 없이 이 책의
어떠한 부분이라도 전자적인 혹은 기계적인 형태나 방법을 포함해서 그 어떤 형태로든 무단
전재하거나 무단 복제하는 것을 금합니다.

심리학아니다
심리술이다

로미오 로드리게스 Jr. 지음 | 하진수 옮김

잘 쓰면 독이 아닌 약이 되는
검은 심리기술

마인드컨트롤, 세뇌, 인심 장악술 등 어떤 키워드든 심리기술이라고 하면 검은 이미지라서 어쩐지 거리를 두고 싶을 거다. 실제로 세상에 일어나는 범죄에는 대부분 검은 심리기술이 쓰이고 있다. 감시나 연금사건, 컬트 종교단체의 현혹사건, 리더 격 인간의 지배로 이루어진 수많은 살인사건 등을 들여다보면 다수의 검은 심리기술이 사용되었다.

이러한 사건이 끊이지 않는 것은 사람들이 검은 심리기술에 대항할 기술을 갖추지 못했기 때문이다. 범인이 칼을 들고 습격해올 때 제일 먼저 필요한 것은 칼에 대항하는 방어술이며 경찰에 신고하는 것은 그다음이다.

2012년 검거된 '아마가사키 연쇄 살인사건'의 범인과 접견한 수석 변호사가 장시간 밀실에서 이야기하다가 무의식중에 마인드컨트롤을 당했던 사례가 있다. 이는 방어술을 모른 채 접견에 응했기 때문이다. 또 옴진리교의 엘리트 상층부 사람도 교단의 교주였던 아사하라 쇼코가 구사하는 마인드컨트롤 편법을 알았다면 그런 테러를 일으키는 일은 없었을 것이다.

다만 심리기술이 악용되고 있지만 결코 나쁜 기술이 아니라는 점을 알아두면 좋겠다. 칼과 마찬가지로 과일을 깎는 데 사용하느냐 사람을 죽이는 데 사용하느냐는 전적으로 그 사람이 어떻게 이용하느냐에 달려 있다.

미국에서는 총기 사용이 허용되지만 자신을 지키기 위해 사용하느냐 사람을 죽이기 위해 사용하느냐는 총기 소유자에게 달려 있다. 범죄에 이용하면 처벌받음에도 총기 범죄가 끊이지 않는 것을 보면 얼마나 인간의 의지가 약한지 알 수 있다.

내가 좋아하는 영화 〈스타워즈〉에는 '포스'라는 힘이 나온다. 평화를 지키기 위해 사용하는 포스도 있는가 하면 악을 위해 사용하는 포스도 있다. 힘의 근원은 같지만 결국 사용하는 자의 의지에 달려 있다.

나는 사람의 마음을 조종하고 조작하는 멘탈리스트를 생업으로 삼고 있다. 경험상 사람은 간단히 속는다는 걸 알고 있다. 쉽게 조종당하고 쉽게 세뇌당한다. 쉽게 믿는 사람은 물론이고 의심이 많은 사람이라도 심리기술을 이용하면 반드시 속는다. 절대로 자신은 속지 않는다고 자신하는 사람일수록 확실하게 속는다. 멘탈리스트는 어디까지나 퍼포먼스로 속이지만 사기꾼이나 범죄자는 속임수를 유감없이 발휘할 것이다. 심리기술을 알면 마음을 조종하는 것은 전혀 어려운 일이 아니다.

이 책을 집필하며 일부러 심리기술의 검은 부분에 초점을 맞추었다. 그 강력한 힘을 이해하고 당신의 일상생활과 직장생활에 활용하기를 바라는 마음에서다. 심리기술을 악용하는 인간의 희생양이 되지 않기 위해서라도 이 책에서 다루는 다양한 심리기술을 익혀두길 바란다.

이 책에서 다루는 심리기술을 올바르게 사용하면 상대방의 마음을 능숙하게 읽을 수 있어서 인간관계가 수월해질 것이다. 심리기술을 잘 이용하면 인간관계를 개선하고 불리한 상황을 타파하며 상대와의 관계성을 최상으로 끌어올릴 수 있다.

다만 한 가지 주의할 점이 있다. 우물을 들여다보면 우물 쪽에서도 당신을 올려다볼 수 있는 것처럼, 어두운 면을 들여다보면 어두운 면에서도 당신을 볼 수 있다. 부디 어둠의 세계에 빠지지 않길 바라며, 가능한 한 방어를 위해, 소중한 사람을 위해 사용하길 바란다. 당신이 어둠의 주인이 되지 않기를 바라며 '검은 심리기술'의 세계로 안내하겠다.

로미오 로드리게스Jr.

목차

2장

누구와도 한순간에 마음이 통하게 하는 검은 심리기술

3장

상대가 절대 거절 못하게 하는 검은 심리기술

4장

원하는 대로 타인을 컨트롤할 수 있는 검은 심리기술

5장

절체절명의 핀치에서 탈출할 수 있는 검은 심리기술

6장

싫은 상대에게 조용히 반격할 수 있는 검은 심리기술

— 심리학아니다 —
심리술이다

1장

상대방의 본심을
확실하게 파악해내는
검은 심리기술

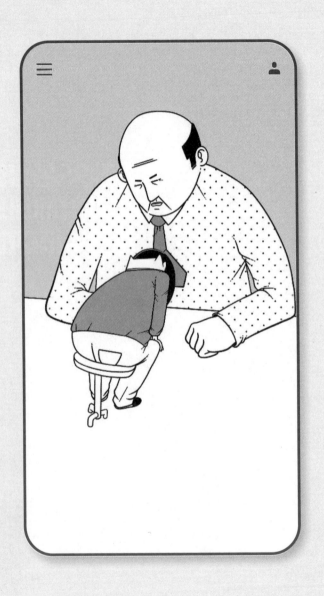

01
몸짓으로 상대방의
속마음을 읽다

———— ◆

"입으로 말하는 만큼 눈짓으로 표현한다"라는 말이 있을 정
도로 표정이나 몸짓에는 본심이 드러난다. 인간은 자기 의지대
로 표정을 관리해서 상대방이 자기 뜻을 알아차리지 못하도록
한다. 그러나 상대방이 아무리 포커페이스를 유지하려고 애써
도 본심을 읽을 수 있는 방법이 있다.

2010년경 방송된 미국 드라마 〈라이 투 미(Lie to me)〉의 주인공은
실존 인물인 정신행동분석학자 폴 에크만 박사가 모델이다. 그
는 '미세 표정(micro expression)'이라 불리는 순간의 표정이나 몸짓으
로 거짓말을 간파하는 능력으로 유명하다. 미세 표정이란 최소
0.2초 이내에 드러나는 표정이므로 훈련하지 않은 사람이 그것
을 일시에 읽어내기란 어렵다.

그렇지만 표정이 지닌 의미 몇 가지를 알면 자신을 대하는 상
사나 부하의 속마음을 어느 정도 읽을 수 있다. 예를 들어 말하

면서 '집게손가락으로 코 아래를 만지는 행위'를 했다고 하자. 집게손가락으로 코 밑을 만져보라. 손가락 안쪽이 아니라 두 번째 관절 언저리를 코 밑에 대는 모습이 되는데 그러면 저절로 손바닥이 입을 가리게 된다. 사실 이 동작은 무의식중에 입을 가려 상대가 자신의 표정으로 심중을 읽지 못하도록 하는 행위다. 회의 중에 상대가 이런 몸짓을 취한다면 주의하자.

다음으로 '손으로 턱을 괴는 행위'를 보자. 이 몸짓을 하는 사람은 머리 회전이 빠르고 속임수나 허세가 통하지 않는 사람일 확률이 높다. 상대가 하는 말의 내용이 지루할 때, 지지부진한 상황이 절망스러울 때 이런 몸짓을 많이 취한다. 이런 사람에게는 논리적으로 이야기해야 한다.

마지막으로 '필요 이상으로 예의 바른 행위'를 보자. 이는 상대와 깊은 관계를 맺고 싶지 않거나 눈도 마주치고 싶지 않다는 몸짓이다. '저 사람은 정말 예의 바르다'라는 호평을 받는 사람은 어쩌면 모든 사람과 적당한 거리를 두고 싶어 하는 사람인지도 모른다.

이상의 세 가지 몸짓은 대표적인 부정적인 의미다. 상대가 당신에게 이런 몸짓을 취한다면 주의하자.

02

특별한 맞장구로 상대가
계속 말하도록 한다

———— ◆

비즈니스 현장에서는 거래처 담당자의 기분을 좋게 했을 때 이야기가 더 잘 풀리는 경우가 많다. 그러나 싫은 상대의 기분을 맞춰주기 위해 억지 행동을 해야 한다면 지옥을 맛보는 것만큼 괴로우리라. 싫은 상대가 아니라도 타인이 무엇을 좋아하고 어떤 화제를 싫어하는지를 찾는 것은 여간 어려운 게 아니다. 하물며 싫은 상대라면 아무리 업무상 필요하다고 해도 곤욕일 것이다.

그럴 때 상대방의 기분을 좋게 하여 계속 말하게 유도해 서둘러 거래를 마칠 수 있는 비법이 있다. 바로 '맞장구'다. 단순한 맞장구가 아니다. '감정을 넣은 맞장구'다. 감정을 넣어 맞장구를 치면 상대방은 당신에게 마음을 열 뿐 아니라 말할 생각이 없던 말까지 할지도 모른다.

2007년, 메사추세츠 주립대학 보스턴 캠퍼스의 에드워드 트로닉(Edward Tronick) 박사가 이와 관련된 실험을 한 바 있다. 고객을 대상으로 세 명의 판매원에게 각각 다른 대응을 하도록 한 후 고객의 반응을 관찰했다.

우선 첫 번째 판매원은 맞장구를 치지 않았다. 전혀 반응하지 않은 것이다. 두 번째 판매원은 맞장구는 치지만 감정을 넣지 않았다. 세 번째 판매원은 감정을 넣어 맞장구를 쳤다. 그러자 감정을 넣어 맞장구를 친 판매원이 소개한 상품과 그렇지 않은 상품의 매출이 무려 2배 차이가 났다.

인간은 상대방의 반응에 대해 마음을 열고 자신을 오픈한다. 이를 '반응형 자기 공개'라고 하는데, 특히 감정이 담긴 반응을 받았을 때 그 감정에 반응하고 자기 자신도 똑같이 반응을 표현하지 않으면 상대에게 실례라고 여기는 현상이다. 감정에 반응한 상대가 품는 '감정'을 철저하게 이용하자.

방법은 간단하다. 상대방이 하는 말에 맞장구를 칠 때 감정을 조금 과장되게 넣어 말하면 된다. 예를 들어 상대방이 "그 업무는 힘들었다"라고 말하면 당신은 "이런! 엄청 힘드셨겠다!" 하고 조금 과장되게 맞장구치면 된다.

상대방은 '감정을 넣은 맞장구'에 반응하여 '이 사람은 나를 이해해주는구나' 하고 여기며 말할 생각 없던 말까지 털어놓게 된다. 이는 비즈니스뿐만 아니라 호감 가는 이성과 대화할 때도 상당히 유효한 심리기술이니 기억해두길 바란다.

03
부하직원이 저도 모르게
따르는 세뇌술

————◆

세상이 바뀌어서 과거에는 당연했던 직장 상사의 위엄이란 게 대개 사라진 것 같다. 상사가 버럭 화내기라도 하면 신입사원들은 이내 '직장 내 갑질'이라고 여기고 최악의 경우 회사를 그만둬버리는 사태로 이어지기가 십상이다.

그런 탓인지, 지금은 모든 회사가 신입사원을 신경 쓰고 신줏단지 모시듯이 조심스레 대한다. 부하직원을 어려워하는 상사라니 이상하다고 생각할 수도 있다. 그런데 이런 분위기를 역으로 이용해서 반격하는 만만찮은 부하직원이 존재하는 것도 사실이라 부하직원을 어려워하는 것도 이해가 간다.

'도대체 어떻게 부하직원을 대해야 할까?' 하고 고민하는 중간관리자가 많다. 이에 대해 말하기 전에 우선 **상사 입장에 있는 사람의 태도**에 대해 말해두고 싶다. 자신의 태도, 즉 행동거지, 화법, 외모에 자신감이 배어 있는지, 무서움이 내재해 있는지가 중요하다.

인간은 무섭지 않은 상대, 자신감이 없어 보이는 상대의 명령에는 전혀 귀를 기울이지 않는 습성이 있다. 조폭처럼 생긴 사람이 길을 걸어가고 있다고 상상해보자. 아무리 당신과 관계없어도 눈을 마주치지 않으려고 조심할 것이다. 공포로 상대방을 복종시킬 수도, 위축시킬 수도 있다.

비즈니스 현장에서 조폭처럼 부하직원을 위협할 수는 없는 일이다. 부하직원이 당신을 따르게 하는 방법이 있다. 우선 누구나 할 수 있는 일을 맡긴다. 부하직원이 '이건 나도 할 수 있겠는데!' 하고 생각할 만큼 간단한 업무여야 한다.

그렇게 간단한 일을 계속 주어 습관화시킨다. 매일같이 계속해서 몇 번이든 반복하게 하는 것이다. 그러면 부하직원은 당신의 명령을 따르는 걸 당연시하게 되고, 습관이 들면 당신이 의뢰하는 일은 거의 전부 따르게 된다.

컬트교단의 교주가 신자에게 살인을 명령하고 신자는 의혹을 품지도 않고 그 명령에 따르는 것도 이런 심리적 원리 때문이다.

04
첫인상, 정보조작술

———— ✦

    첫인상이 좋으냐 나쁘냐는 처음 마주하고 '15초' 안에 결정된다고 한다. 분명 첫인상은 중요하지만, 이후 그 사람과의 관계가 어떠한지에 따라 인상이 바뀌는 경우도 많다. 다정한 줄 알았는데 사실은 상당히 남을 깔보는 경향이 다분한 사람이었다든지, 멋있는 줄 알았는데 사실은 그렇게 멋있는 사람이 아니었다든지와 같이 첫인상이 달라지는 일은 종종 있다.

    이를 '감점법'이라고 하는데, 처음부터 만족한 상태, 최대한 이상적인 상태로 설정했기 때문에 일어나는 현상이다. 그런 면에서 첫눈에 반한 상대와는 헤어질 확률이 높다는 속설도 수긍이 간다.

    그런데 첫인상이 '가점법'으로 바뀌면 상황은 달라진다. 무서운 줄 알았는데 사실은 상당히 다정한 사람이었다든지, 평범한 줄 알았는데 사실은 능력 있는 사람이었다든지 같은 경우는 '가점법'이다. '무서운 인상'이 앞에 오고 '지내다 보니 다정하다' 가 뒤에 온다. '평범한 인상'이 앞에 오고 '알고 보니 능력 있다' 가 뒤에 온다.

비즈니스 현장에서 가점법을 활용해보자. 구체적으로 말하면, 자신의 인상에 대한 좋은 이야기를 외부에 흘려 그 소문이 상대에게 도달하게 하는 기술이다. 상대방이 좋은 정보를 접한 채 당신에게 접근했을 때 상대에게 당신의 첫인상을 일부러 조금 나쁘게 심는다. 예를 들어 **다정한 사람이라는 말을 흘려놓고, 실제로 만났을 때 조금 무서워 보이는 인상을 심어주는 것이다.**

그러면 상대방은 '도대체 어느 쪽이 진짜야?' 하고 혼란에 빠진다. **상대방이 혼란스러워하는 것 같으면 그때를 놓치지 말고 곧바로 다정하게 웃어준다.** 그러면 상대방은 안심하며 '역시 다정한 사람이구나' 하고 생각하게 된다. 그럼 상황 종료다. 이제 상대방에게 당신의 이미지는 '다정한 사람'으로 각인된다.

이는 상대방의 감정을 조작하여 당신의 인상을 좋게 하는 방법으로 고도의 심리기술이다. 하지만 익숙해지면 다양한 상황에서 자연스럽게 사용할 수 있으므로 부디 연습해보길 바란다.

05

거짓말을 하고 싶다면
진실을 말하라

———— ✦

　"거짓말은 좋지 않아"라는 이상론을 말하는 사람이 있으면 인간은 10분에 3회나 거짓말을 하는 생물이라고 알려주고 싶다. 세상에는 상대를 위한 거짓말도 있고 상대를 속이기 위한 거짓말도 있다.

　거짓말을 경계하는 사람이라도 깜빡 속아 넘어가게 거짓말하는 기술이 있다. 방법은 아주 간단하다. 극단적인 예를 들어 당신이 남성이고 바람을 피우고 있다고 하자. 불륜 상대와 데이트하고 있을 때 아내에게서 전화가 걸려왔다. "지금 어디야?"라는 아내의 질문에 분명 많은 사람이 당황해서 "아…, 지금 직장 동료랑 한잔하고 있는데…"라고 거짓말할 것이다. 그러면 아내는 잠시 머뭇거리며 공백이 뜨는 데에서 눈치를 채고 의심을 품게 된다. 이후 집에 돌아왔을 때가 위기인데, 당신의 지갑, 스마트폰 심지어 옷에 향수가 뱄는지까지 확인하려 들지 모른다.

그러나 거짓말에 능숙한 사람은 "아, 지금 여자랑 데이트 중이야. 내가 이래 봬도 인기가 많다니까" 하고 답한다. 그러면 부인은 "예, 그러세요. 또 회사 사람들과 마시는구나?" 하고 응수할 것이다. 이는 자신이 불리할 만한 것을 일부러 입에 올림으로써 상대방이 '설마 자신에게 불리한 말을 할 리가 없어'라고 생각하게 하는 방법이다.

인간은 거짓말을 경계하지만 경계하는 프로세스가 정해져 있어서 패턴이 일정하다. '거짓말을 하는 사람은 반드시 자신의 거짓말을 필사적으로 숨길 것이다'라는 고정관념이 있다. 바로 그 부분을 역으로 이용하는 것이다. 다만, 정정당당하게 자신감 있게 말하지 않으면 의심받을 테니 주의해야 한다.

06

아무 말도 안 하는 부하직원은
이렇게 속내를 캐라

———— ✦

회사에서 직급이 올라갈수록 인간관계에 대해 고민하기 마련이다. 상사와 부하직원과의 사이에서 스트레스를 받는 중간관리직이 많다. 직급이 무엇이든 상사라면 어쨌든 자신의 부하직원이 제 역량을 펼치며 일할 수 있도록 해야 한다. 그러므로 상사와 부하직원의 소통이 없을 수는 없다.

상사에게 부하직원과 소통할 때 어떤 점이 가장 힘드냐고 물어보면 역시 부하직원의 마음을 모르겠다는 답이 많을 것이다. 아무런 액션을 취하지 않아도 부하직원이 자발적으로 마음을 터놓는 게 가장 좋지만 그런 경우는 좀처럼 없다.

부하와 원만하게 지내고 싶다면 '자기 개시 기술'을 써보자. 인간은 자기 자신을 속속들이 드러내는 것을 잘 못하는데, 상대방이 먼저 속내를 보이면 자신도 속속들이 속내를 드러내게 된다. 이 습성을 잘 이용하는 것이 자기 개시 기술이다.

자기 개시 기술을 사용할 때는 장소를 주의해야 한다. 늘 긴장 상태로 있어야 하고 대외적인 얼굴로 지내야 하는 직장에서 이 기술을 사용한들 효과가 없다. 식사자리나 술자리를 하게 되었을 때 사용하는 게 좋다. 이런 장소에서는 자신을 드러내는 게 자연스럽다. 부하직원에게 자신을 드러낼 때는 자신의 과거 실**패담을 말하면 좋다.** 자기를 드러냄으로써 서로를 알아가는 것이다.

이전에 미국 보스턴 공항에서 심리학자 루빈에 의한 자기 개시 실험이 이루어졌다. 공항 로비에 앉아 있는 고객에게 자기소개서를 써달라고 했는데, 예시문장으로 "나는 심리학 연구를 하고 있습니다"라고 적은 종이와 "나는 사실 성(性)에 대한 고민이 있습니다"라고 적은 종이를 각각 50장씩 배포했다. 그러자 예시문장으로 '성(性)적인 고민이 있다'를 적은 종이에 자기소개서를 쓴 고객은 모두 개인적인 내용의 회답을 주었다.

이처럼 좀더 개인적으로 파고든 이야기를 먼저 제시하면 사람은 그에 반응하여 자신도 좀더 개인적인 이야기를 하게 된다. 꼭 부하직원이 아니어도 되니, 다른 사람과의 커뮤니케이션에 활용해보자. 한층 더 관계가 돈독해질 것이다.

07

프레젠테이션에서는 상대방의 미세 표정을 간파하라

━━━━ ✦

- ◆ 프레젠테이션 A : "오늘 프레젠테이션 좋았어. 그거 사업성 있더라고."
- ◆ 프레젠테이션 B : "그 프레젠테이션은 장황해서 잘 모르겠더라고."

사실 프레젠테이션 A와 B는 같은 내용을 발표자만 바꿔 진행한 것이다. 같은 내용인데도 이렇게 청자의 반응이 다른 것은 무엇 때문일까? 사실 A의 발표자는 나였고, B의 발표자는 대학생이었다. 프레젠테이션에 익숙한 사람과 그렇지 않은 사람이라서 결과가 다르다고 생각할지도 모르겠다. 하지만 사실 청중의 '미세 표정'을 간파할 수 있느냐의 차이다.

앞에서 서술한 것처럼 미세 표정이란 0.2초 동안 드러나는 진실한 표정이다. 인간은 모두 대외용 얼굴을 만든다. 별로 재미있지도 않은데 거짓 웃음을 지어야 하고, 속은 화가 나는데도 겉으로는 아무렇지 않은 표정을 지어야 한다. 그러나 인위적으로 표정을 만드는 데 1초가 걸린다고 하면 처음 0.2초는 반드시 진실한 표정이 드러난다.

미세 표정은 크게 7가지로 나눌 수 있다. 슬픔, 기쁨, 놀람, 공포, 혐오, 분노, 경멸이다. 이 표정을 0.2초에 간파하는 것이 중요하다.

프레젠테이션할 때 어째서 미세 표정을 봐야 할까? 누가 가장 이 프레젠테이션에 흥미를 느끼고 있는지, 반대로 누가 흥미가 없는지를 간파할 수 있기 때문이다. 당신이 프레젠테이션할 때 '이 사람은 매우 흥미를 느끼고 있구나' 하고 찾아냈으면 그 사람에게 집중해서 이야기할 수 있다. 또 반대로 흥미가 없어 보이면 그 사람이 좀더 알기 쉽게 이야기할 수도 있다.

프레젠테이션은 당신이 전하고 싶은 메시지를 말하는 순간이 아주 중요하다. 이때 상대방의 미세 표정을 유심히 보자. 어느 정도 간파 훈련이 필요한데, 여성은 무의식중에 미세 표정을 읽는 경우가 많다. 엄마가 말 못하는 갓난아기의 감정을 금세 알아채는 걸 보면 여성들은 미세 표정을 읽는 유전자를 타고났는지도 모른다.

08

당장 물러나야 할
고객의 표정

————— ✦

영업이나 교섭 업무에 종사하는 사람은 상대방의 얼굴빛을 살필 수밖에 없다.

'왠지 오늘은 기분이 별로 안 좋은 것 같은데…. 이대로 마무리할까?'

'확실히 화가 나 있군. 오늘은 여기서 마치는 게 좋겠어.'

'어쩌지? 이대로 진행할까? 아니면 다음으로 미뤄야 할까?'

매일 상대방의 얼굴빛을 살피는 건 상당히 스트레스가 쌓이는 일이다. 상대방의 얼굴빛이라고 해도 천차만별이다. 당사자는 특별히 화가 난 게 아닌데, 영업자가 소심한 성격이면 '아, 이 사람은 화난 게 분명해' 하고 생각할 수 있다. 반대로 영업자가 대범한 성격이면 억지로 관철해서 상대방이 질려버려 두 번 다시 만나지 않으려는 상황이 될 수도 있다.

상대방의 얼굴빛, 즉 표정을 얼마나 이해하느냐는 상당히 중요하다. 이때 반드시 물러나야 할 표정이 있다. 이 표정만 주의하면 나머지는 조금만 주의해도 괜찮다. 그렇다면 어떤 표정일 때 한발 물러나야 할까?

'상대방이 화나 보일 때 아니겠어?'라고 지레짐작하는 사람이 있을 텐데, 그렇지 않다. 주의해야 할 표정은 '쓴웃음'이다. 쓴웃음은 웃는 얼굴과 비슷하지만 단 하나 차이점이 있다. 바로 '눈'이다. 쓴웃음을 지을 때 눈은 웃고 있지 않다. 거짓 웃음이라는 것이다.

쓴웃음은 상대방의 이야기를 듣고 싶지 않을 때 소극적으로 취하는 태도다. 당신이 영업 중일 때 고객이 쓴웃음을 짓는 걸 발견했다면 서둘러 대화를 끝맺는 게 좋다. 교섭 중일 때 상대 쪽 의사결정자가 쓴웃음을 짓는 걸 발견했다면 일단 물러나는 게 좋다.

09
컴플레인이 들어오면
'클로즈 테크닉'을 사용하라

━━━━━ ✦

상습적으로 컴플레인을 거는 고객은 차치하고 일반적인 컴플레인은 고객과의 유대를 깊게 할 찬스다. 애초에 상대가 왜 화를 내는지를 이해해야 한다.

인간에게는 '컨트롤 감각'이라는 것이 있다. 행동함으로써 원하는 상황으로 만드는 감각이다. 심리학에서는 '사물을 컨트롤하는 것은 자신의 행동이나 능력에 달려 있다'고 생각하는 경향이 강한 사람을 '내적 컨트롤 유형'이라고 하고, 반대로 '사물을 컨트롤하는 것은 운과 같이 자신 이외의 것에 달려 있다'라고 생각하는 경향이 강한 사람을 '외적 컨트롤 유형'이라고 한다.

내적 컨트롤 유형인 사람은 평소에도 컨트롤 감각이 있어서 다소 그 감각을 잃어버려도 그것을 되찾으려고 '화낼' 필요는 없다.

그러나 외적 컨트롤 유형인 사람은 평소에 컨트롤 감각이 부족해서 자신에게 조금밖에 없는 컨트롤 감각을 빼앗기면 그것을 되찾으려고 화를 내게 된다.

이때 '클로즈 테크닉'을 사용하면 좋다. 상대방의 요구는 자신의 컨트롤 감각을 되찾으려는 행동이므로 당신이 말참견하면 컨트롤 감각을 되찾지 못한 상대방은 더더욱 '분노하는' 상황이 된다.

그러므로 상대방의 요구를 일단 조용히 들어줌으로써 컨트롤 감각을 되찾게 하는 것이 중요하다. 상대방의 작은 요구를 들어주어 '나는 당신이 컨트롤 감각을 되찾는 데 도움을 주고 있음'을 보여준다. 자신의 요구를 들어주면 분노가 가라앉고 서서히 평상심을 되찾는다.

상대방이 흥분해 있는 상황에서 사죄하는 것은 불난 곳에 기름을 붓는 꼴이다. 요구를 들어주어 상대방의 화가 가라앉았을 때가 바로 사죄할 최적의 타이밍이다. 이때는 사죄를 받아들이는 경우가 대부분이므로 이번에는 '이쪽의 요구'를 전해보자.

요구라고 해서 정말 무언가를 요구하라는 게 아니라 '선물'을 받아달라고 하는 것이다. 얼핏 선물은 '요구'와 거리가 먼 것 같지만, 이 타이밍에 상대방이 선물을 받아들였다는 것은 '더 이상 그쪽의 변명은 통하지 않습니다'라는 요구를 받아들인 것이라 할 수 있다.

게다가 상대방은 당신을 '자신의 컨트롤 감각을 되찾는 데 도움을 준 사람'으로 무의식중에 생각하고 있기 때문에 이전보다 당신이나 당신의 회사에 대한 호감이 상승할 것이다.

10
거래처와의 신뢰관계 깊이를
확인한다

◆

영업하다 보면 거래처와 친해져서 골프나 술자리에 동석할 일도 있다. 그렇게 겨우 신뢰가 쌓였다고 생각했는데 갑자기 "유감이지만 다른 곳과 거래하기로 했네"라는 말을 듣는 경우가 있다. '신뢰가 쌓인 줄 알았는데…?' 하고 뒤늦게 무엇이 잘못되었는지 생각해봐도 이미 때는 늦었다. 휴일도 반납하고 노력했던 자신이 바보 같기만 하다.

이 경우는 신뢰가 쌓였다는 것은 이쪽 생각일 뿐이고 상대방은 그렇지 않았다는 아주 간단한 로직이다. 그렇다면 거래처에 "나를 신뢰하십니까?"라고 일일이 물어볼 수도 없고 도대체 어떻게 해야 하느냐고 고민하는 사람이 많으리라.

그럴 때는 '논버벌 미러링(non-verbal mirroring)'이라는 방법으로 진정 신뢰를 얻었는지를 확인할 수 있다. 논버벌은 '비언어'를 의미하고 미러링은 '거울'을 의미한다. 미러링에도 종류가 있는데,

여기서는 상대방의 행동을 미러링하는 것이다.

예를 들어 연인과 데이트 중에 카페나 바에서 이야기하고 있다고 하자. 이때 당신이 음료를 입에 가져갈 때 연인도 동시에 컵을 입에 가져가는 걸 본 적이 없는가? 대부분 그런 경험이 있을 것이다. 특히 연인 사이나 서로 신뢰가 높은 사이일 때 자주 일어나는 현상이다.

신뢰가 구축된 사이라면 반드시 일어나는 현상이다. 즉 **상대방과 식사하는 상황에서 당신이 컵을 드는 타이밍이나 음식물을 입에 넣는 타이밍에 상대방이 무의식중에 맞추고 있는지를** 살펴보면 그 사람이 당신을 신뢰하는지 아닌지를 알 수 있다.

타이밍은 3초 이내다. 즉 당신이 컵을 들고 입에 가져간 후 3초 이내에 상대방도 컵을 입에 가져가고 그것이 2~3회 계속된다면 높은 확률로 그 사람은 당신을 신뢰하고 있다고 말할 수 있다. 3초가 지난 후의 행동은 무의식중의 행동이 아니다. 3초가 지나면 의식 세계가 되기 때문에 참고하면 안 된다. 3초가 지난 후의 행동은 어떤 이유에서든 상대방이 의식적으로 하는 것일 수 있으니 아무쪼록 주의하길 바란다.

11
몸짓으로 상대방의
생각을 읽어라

———— ✦ ————

카운터 너머로 손님을 상대하는 사람이라면 잘 아는 사실이 있다. 상품이나 당신이 권하는 서비스에 흥미가 있는지 없는지는 그 사람의 몸짓을 보면 간단히 알 수 있다는 것이다.

아주 옛날부터 인간은 사냥감을 사냥하며 생활해왔다. 그 유전자는 확실히 현대인에게도 계승되고 있다. 어떤 부분에서 이를 찾아볼 수 있을까? 바로 몸과 몸짓이다.

긴장했을 때 손이 차가워진 경험이 있을 것이다. 이는 혈액이 순식간에 발로 쏠렸기 때문이다. 본능적으로 공포를 느꼈을 그 장소에서 재빨리 도망치고 싶어서 순식간에 발로 혈액이 몰린 것이다. 옛날에는 수렵할 때 사냥감으로부터 반격을 당하는 경우도 많았을 것이다. 인간의 몸은 공포가 엄습했을 때 곧바로 도망칠 수 있도록 작용한다.

가장 확실한 몸짓은 발의 방향이다. 상대방의 발이 곧게 당신

쪽으로 향해 있다면 호감이 있는 것이지만, 발이 당신이 아닌 바깥쪽으로 향하고 있다면 당신이 아무리 이야기한들 소득 없이 끝날 확률이 높다. 발이 바깥쪽으로 향한 것은 재빨리 당신에게서 벗어나고 싶다는 몸짓이며 당신의 상품에 흥미가 없다는 신호다.

또 하나 살펴보면 좋은 부분은 몸의 거리, 즉 퍼스널 스페이스(personal space)다. 당신이 이야기하고 있을 때 상대방과의 거리가 시간이 지날수록 멀어진다면 더 이상 이야기하지 않는 편이 좋다. 상대방은 이미 당신의 이야기에 흥미가 없기 때문이다. 반대로 거리가 달라지지 않거나 가까워졌다면 이야기를 진행해도 좋다.

이를 심리학 용어로 '논버벌 커뮤니케이션(비언어 소통)'이라고 한다. 영업을 잘하는 사람은 논버벌 커뮤이케이션을 무의식중에 알아채고 능숙히 대처한다.

12

상대방의 성격을 순식간에 파악해 신뢰를 얻어라

———— ◆

사람이 100명이라면 성격도 100가지다. 사실 상대방의 성격을 하나부터 열까지 분석하고 그에 맞춰 대처법을 바꿔야겠지만 그렇게 한가한 소리를 할 수 없는 게 현실이다.

'콜드 리딩'은 가짜 점쟁이나 가짜 영능력자가 자주 쓰는 화술로, 아무런 사전준비나 조사 없이 마치 상대방에 대해 알아맞히는 것처럼 보이는 기술이다. 그 반대가 '핫 리딩'이다. 사전준비 및 조사를 해서 그 정보를 바탕으로 상대를 아는 듯이 알아맞히는 것이다. 물론 상대방은 사전에 조사당했다는 걸 모르기 때문에 '이 사람, 나에 대해 뭐든지 알고 있네?' 하고 신뢰하게 된다.

핫 리딩을 이용하면 고객을 일일이 세밀하고 철저하게 분석하지 않아도 당신을 신뢰하게 만들 수 있다. 핫 리딩은 방법이 다양한데 그중 가장 간단한 방법을 소개한다.

우선 고객과 대화할 때 그 고객이 착용하고 있는 것을 잘 관찰하라. 수트, 헤어스타일, 시계, 액세서리, 구두, 가방 등은 반드시 그 고객의 라이프스타일을 반영한다. 수수한 수트라면 심플함을 좋아하거나 검소한 사람이다. 화려한 수트라면 주목받기를 좋아하고 자기주장이 강한 사람이다. 옷은 수수한데 소품은 명품을 들고 있는 경우는 주관이 있고 남들 시선에 무관심한 사람이다. 이렇듯 많은 정보를 얻을 수 있다.

옷차림이나 소품으로 어느 정도 상대방의 성격을 알 수 있다. 그렇게 알아낸 정보를 바탕으로 대화해보자. 상대방의 신용을 얻을 수 있다.

13
상대방의 성격을 단번에 파악!
마음 밸런스 5가지

———— ✦

'멘탈 마이닝(mental mining)'이란 마음을 파고드는 방법이다. 5가지 마음 밸런스를 그래프로 표시한 '에고 그래프'를 화법으로 변환한 것이 근간인데, 멘탈 마이닝을 배우려면 오랜 시간이 필요하다. 여기서는 개략적으로 언급하고 간단한 멘탈 마이닝 기술을 소개한다.

멘탈 마이닝은 기본적으로 5가지 마음 상태를 다루어 상대방의 성격을 간파하는 것이다. '부친 역할'의 엄격함을 보이는 마음, '모친 역할'의 상냥함을 보이는 마음, '어른의 태도'인 이성을 보이는 마음, '자유로운 동심'인 자유분방함을 보이는 마음, '선한 자세'인 협동성을 보이는 마음이다.

상대와의 대화 중에 '~하지 않으면 안 된다', '~해야 한다' 등 엄격함이 드러나는 단어가 많은 경우 '부친의 역할' 수치가 높고, 반대로 '당신은 당신다울 때가 제일 좋아요', '괜찮아요, 분명 잘할 거예요' 등 상냥함이 드러나는 단어가 많은 경우는 '모친의 역할' 수치가 높다. 이러한 5가지 마음 상태를 대화 중에 발견하고, 가장 높은 수치가 나오는 쪽이 그 사람의 표면적인 성격이다.

또 하나 눈여겨봐야 할 것은 5가지 마음 상태 중 낮은 수치가 나오는 쪽이다. 수치가 낮은 성격은 그 사람의 숨은 성격일 수 있으며 본인밖에 모르는 성격이라고 할 수 있다.

높은 수치와 낮은 수치를 산출하고 대화 중에 그 수치에 해당하는 성격을 바탕으로 대화해보자. 상대방은 '이 사람은 내 마음을 아는구나' 하고 받아들여서 당신에 대한 신뢰도가 높아질 것이다.

14

상대방이 당신에게
프로포즈하게 하는 방법

———— ✦

　남성 심리 중에는 '보호욕구'와 '지배욕구'의 본능이 있다. 남성은 '지켜줄게, 사랑해줄게, 잘해줄게'와 같이 상대를 보호해주려는 마음과 '내 것으로 하고 싶어, 내가 끌고 가고 싶어'와 같이 상대를 정복하려는 마음이 있다.

　간단하게 말하면 두 가지 조건을 만족하는 여성이 되면 그 남성은 당신을 결혼 상대자로 생각할 것이다.

　말 못할 고민이나 컴플렉스를 들어주고, 슬플 때나 울고 싶을 때 남자에게 기대는 여성은 남성에게 어필한다. 모델처럼 늘씬하고 키가 큰 미인, 자립해서 혼자서도 뭐든 잘하는 캐리어 우먼 중에 특히 독신 여성이 많은 것은 오르지 못할 나무라고 생각해 접근하기 어려운 이유도 있지만 **남성의 보호욕구, 지배욕구를 자극하지 않기 때문이다.** 그럼 이제 어떻게 하면 그 남성이 어떤 여성에 대해 결혼할 생각을 하는지 알 수 있으리라.

잠재의식(subliminal)이란 상대가 무의식중에 자신의 메시지를 상대방의 의식에 심는 기술이다. 당신이 만약 남성의 보호욕구나 지배욕구를 자극하고 있지 않다면 언제까지나 프로포즈를 받을 수 없다. 도저히 자존심이 허락하지 않는다면 어쩔 수 없지만, 결혼하고 싶고, 프로포즈를 받고 싶다면 남성의 보호욕구와 지배욕구를 자극할 수 있도록 스스로를 바꾸는 것이 좋다.

15

상대방의 속마음을 알고 싶다면
이곳을 보아라

──── ◆

인간의 지성이 아무리 높다고 해도 역시 동물임은 변하지 않는다. 정해진 심리상황에서 대부분이 정해진 반응을 한다. 개는 안심하고 주인에게 복종할 때 배를 보인다. 그 동작은 자신의 약점인 배를 보임으로써 '나는 당신에게 모든 것을 보여주고 있어요'라는 의사표시다.

재미있는 점은 인간도 이와 같은 동작을 한다는 것이다. 인간의 약점 중 하나가 목이다. 이 부분을 다치면 인간은 말을 할 수 없다. 자칫 생명이 위독해질 수도 있다.

그 사람의 본심이 많이 드러나는 부분 중 하나가 목이다. 싸울 때 상대와 충돌하기 전에 턱을 들며 견제하는 경우가 종종 있는데, 이는 목을 보임으로써 '나는 약점을 드러낼 수 있는 인간이며 너 따위는 상대도 되지 않는다'라는 심리가 발현된 행동이다.

만약 당신이 누군가와 대화할 때 상대방이 고개를 젖히고 턱을 들고 말하고 있다면 그 사람은 틀림없이 당신보다 자신이 더 우위라고 생각하는 것이다. 반대로 목을 감추듯 고개를 내리고 있다면 자신의 약점을 보이기 싫어하는 것이다.

한번 떠올려보면 쉽게 알 수 있는데, 지위가 높은 사람이 고개를 숙이고 당신의 이야기를 들었던 적은 없을 것이다. 의자에 깊숙이 앉아 턱을 들고 고개를 젖힌 채 당신과 대화하지 않았는가.

이처럼 상대가 목을 감추느냐 여부로 당신을 어떻게 보고 있는지를 알 수 있다. 이는 이성과의 대화에도 똑같이 적용된다. 기회가 있다면 한번 관찰해보길 바란다.

─── 심리학아니다 ───
심리술이다

2장

누구와도 한순간에 마음이 통하게 하는 검은 심리술

16

직장의 인간관계를
원만하게 하다

———— ✦

직장은 인간관계의 장이라고 하는 만큼 이런저런 감정이 생기기 마련이다. 좋았다가, 싫었다가, 맘에 들었다가, 말았다가…. 그런데 매일 얼굴을 마주하고 일해야 하는 장소에서 누군가에게든 한번 싫은 감정이 움트게 되면 큰 스트레스에 휩싸이게 된다.

상사에게 미움받거나 동료와의 사이가 불편하거나 부하직원에게 따돌림당하거나 해서 부정적인 감정의 소용돌이에 빠지게 되면 업무 자체가 재미없어지고 더 이상 그 직장을 나가고 싶지 않아진다.

그런 사람에게는 '호손 효과(Hawthorne Effect)'를 추천한다. 호손이라는 이름은 미국 시카고 교외에 있는 웨스턴 일렉트릭사의 호손공장에서 행해진 실험에서 붙여진 것이다. 종업원을 칭찬함으로써 생산성이 향상되는지를 연구한 실험이다.

어느 곳이든 특별대우를 받으면 우쭐해지는 인간은 있기 마련이다. 특별대우를 받아서 자기과시욕이 충족된 경험은 누구나 있을 것이다. 특히 평소 다른 사람에게 칭찬받은 적이 없는 사람은 특별대우를 받는 것만으로 상당히 기분이 우쭐해지기 쉽다.

능력이 보통 이하인 사람이라도 잘 치켜세우면 능력 이상의 힘을 발휘하는 경우가 많다. 사실 이 기술은 야쿠자 세계에서 조장이 부하직원을 부릴 때 쓰이기도 한다.

만약 당신이 직장의 인간관계에 미숙하다고 생각한다면 이 호손 효과를 시험해보길 바란다. 방법은 간단하다. 일단 직장에서 만나는 사람의 사소한 부분을 조금 과장되게 칭찬한다. 여기서 조금 '과장되게'라고 말한 이유가 있다. 너무 과장되게 하면 속 보이는 거짓말 같아서 사람에 따라서는 바보 취급한다고 생각할 수도 있기 때문이다. 그러므로 정말 관심이 있는 것처럼 칭찬해야 한다.

당신이 과장되게 칭찬해준 사람은 당신을 만나는 걸 조금씩 좋아하게 된다. 왜냐하면 당신을 만나면 자기과시욕이 충족되기 때문이다. 당신과 대화하는 것만으로 즐거워지고 당신에게 미움받기 싫다고 생각하게 된다.

다만, 이 방법은 상대방이 직장에 소속된 지 얼마 되지 않은 경우에만 효과가 있다. 이미 오랜 기간 직장에서 미움받고 있는 경우에는 통하지 않는다. 후자의 경우라면 자신이 '왜 미움받는지'를 자기 분석하고 근본 원인을 개선하는 것이 우선이다.

17

상대와의 관계를
단숨에 좁히다

———— ◆

    미국 스워스모어 칼리지 심리학 교수 케네스 거겐(Kenneth Gergen)이 남녀 몇 명을 각각 밝은 방과 어두운 방에 들어가게 하여 행동을 관찰한 실험이 있다.

    밝은 방에 들어간 그룹은 각각 거리를 유지했다. 어두운 방에 들어간 그룹은 처음에는 밝은 방에 들어간 그룹처럼 거리를 유지하다가 대화가 끊기면 그 사이에 자리를 옮겼다. 이성끼리 몸을 밀착하고 개인적인 이야기도 나누는 등 친밀감이 급격히 형성됐다.

    친밀감이 형성되는 속도가 가장 빨랐던 남녀 환경을 분석해보니 속도가 빨라진 원인은 '어둠'이었다. 어둠 때문에 공포를 느끼고 그 공포를 잊기 위해 몸을 밀착하고, 그 공포를 없애기 위해 다른 감정을 느끼려고 한 것이다. 즉 어둠이라는 공통적인 공포의 존재가 있어서 빠르게 친밀감이 형성된 것이다.

만약 당신이 이성과 급속도로 관계를 진전시키고 싶다면 이러한 공동의 '적'을 만드는 것이 좋다. 두 사람만의 적을 가짐으로써 서로의 마음에 유대감이 생기는 심리 효과가 있다.

실험에서는 어둠이 공동의 적이었지만 다양한 것으로 치환할 수 있다. 예를 들어 마음에 드는 여성에게 싫어하는 상사가 있다고 해보자. 당신 자신도 그 상사를 얼마나 싫어하는지를 그 여성에게 확실히 이야기하며 공감해준다. 그러면 당신과의 공감대가 형성되어 그 여성의 마음속에 다른 사람과는 다른 감정이 싹트게 된다. 이 단계가 되면 자연스레 데이트를 신청해도 흔쾌히 수락하므로 그다음은 그 횟수를 늘려 기회를 보다가 고백하면 된다.

다만, 사귀고 나서는 그 상사의 험담을 하는 일은 딱 끊어야 한다. 목적을 이룬 후에도 계속 상사의 험담을 하면 여성은 당신을 '그릇이 작은 사람', '속 좁은 사람'이라고 생각할지도 모른다. 인간의 마음은 갈대와 같다. 같은 수법은 오래 가지 않으니 주의하길 바란다.

18

노력하지 않고도
'능력 있는 사람'으로 보이게 한다

———— ◆

    인간은 약한 존재여서 일부 예외는 있지만, 벌거숭이가 되면 가장 먼저 자신감을 잃어버린다. 1984년 사회심리학자 L. L. 데이비스가 실시한 실험에서 경찰이나 재판관 등 복장 자체로 권위를 드러내는 사람일수록 벌거숭이가 되었을 때 자신감 상실이 심하다는 것이 증명되었다.

    이는 '신체상경계(身體像境界)'라고 하는데, 의복이 정신적인 갑옷의 대용임을 의미한다. 단순히 색만 다른 의복이라도 당사자가 부여된 그 권위를 인식하고 있으면 똑같은 효과를 발휘한다.

    세상을 떠들썩하게 한 옴진리교에도 낮은 지위는 흰색 의복을, 지위가 높아지면 그에 할당된 색의 의복을 입는 식으로 차별을 두었다. 신자가 되면 자연스레 높은 지위의 색을 입고 싶어서 더 고액의 시주를 하는 것이다.

    사실 똑같은 옷이고 색만 다를 뿐인데 인간이 스스로 지위를 부여한 것이다. 이는 예부터 권위주의자가 인간의 이런 습성을 잘 알고서 규칙을 정해 이용한 것이다. 만약 당신이 잘나가는 인간임을 보이고 싶다면 이 신체상경계를 능숙히 이용하면 된다.

보통 이미지 컨설턴트는 새로운 수트를 마련하라거나 세련된 옷차림을 하라고 조언하는데, 거기에서 더 나아가 다음 전략을 사용해보길 바란다.

바로 당신이 잘나가는 인간이라고 보이고 싶은 상대방과 벌거숭이에 가까운 상황이 되도록 만드는 것이다. 그런 상황의 예로는 온천이나 사우나가 있다. 남성이라면 수영장을 가도 좋다. 그리고 이런 상황이 되었을 때 평소 대화할 때보다 2배의 성량으로 이야기하자.

서로 옷을 입고 있지 않고, 즉 정신적인 갑옷이 없는 상태에서 상대방이 자신감이 가득하고 큰 목소리로 말을 걸어온다면 인간은 무의식중에 패배 의식이 든다. 이렇게 무의식중에 압박을 받은 사람의 마음속에는 '상대방은 위, 나는 아래'라는 공식이 생겨서 당신을 이전처럼 대하지 못하게 된다.

여기서는 목소리의 크기를 언급했는데, 가령 격투기선수의 근육도 동일한 효과가 있으므로 남성이라면 평소 몸을 단련해 두는 게 좋다.

19
좋아하는 사람이 나에게
호감이 있는지 아는 법

———— ✦ ————

좋아하는 사람이 과연 자신에게 마음이 있는지 없는지는 누구나 알고 싶을 것이다. 확인하고 싶지만 직접 물어볼 용기는 없고 그렇다고 별다른 방법이 없어서 고민이라면 '칵테일파티 효과'를 이용해보자.

방법은 간단하다. 관심 있는 사람이나 호감 가는 사람을 혼잡한 인파 속으로 데려온다. 어떤 파티 장소도 좋고 환승역 플랫폼도 좋다. 그곳에서 평소처럼 말을 걸기만 하면 된다. 인간의 뇌는 일종의 필터 기능이 있어서 관심 있는 정보 이외에는 무의식중에 차단한다. 만약 당신에게 관심이 있다면 당신이 하는 말을 잘 들으려고 할 테고, 만약 당신에게 관심이 없다면 당신이 하는 말을 잘 못 알아듣고 자꾸 되물어볼 것이다.

시험 삼아 지하철이 통과해서 가장 소음이 심한 순간에 상대방의 이름을 불러보라. 얼마나 시끄럽든 상대방이 당신에게 마음이 있다면 반드시 돌아볼 것이다. 정면에서 부르면 동작 때문에 알아챌 수 있으니 이쪽에 주의를 기울이지 않을 때 불러보라.

칵테일파티 효과는 일부 범죄자가 성범죄에 사용하는 기술이기도 하다. 범죄자가 어떤 경위로든 당신의 이름을 알았다고 가정하자. 만약 이름을 불렀는데 주의를 기울였다면 손대지 않겠지만 반응이 둔하거나 아예 반응하지 않는다면 뒤를 따라다니며 성추행을 할 수도 있다.

칵테일파티 효과는 상대방의 필터 기능을 역으로 이용하는 것이므로 외부의 반응에 둔감한 경우는 필터 기능도 내부로 향해 있는 경우가 많다. 그래서 가령 성추행을 당해도 소리를 지르지 못한다. 이처럼 범죄자가 나쁜 의도로 이 심리기술을 사용할 수 있으니 주의하자.

칵테일파티 효과를 이용하여 상대방과의 관계를 단숨에 진척시킬 것인지, 조금씩 공략해야 할 것인지를 알 수 있다. 이 방법으로 상대방에게 고백하는 타이밍을 재볼 수도 있다.

20

외모만으로 상대방을
세뇌할 수 있다

———— ✦

    비즈니스 수트를 쫙 빼입은 사람은 전문적으로 보인다. 그런데 예를 들어 다소 지저분한 모습을 하고 있어도 직함이 경영자나 임원이라면 사람들은 상대방의 외모로부터 받은 인상을 뒤집는다. 이것이 '메라비언의 법칙'이라는 심리학 법칙이다.

    이 법칙의 유래는 앨버트 메라비언(Albert Mehrabian)이 미국 캔자스 주에 있는 대학에서 실시한 실험이다. 성적이 우수하지만 복장이 깔끔하지 못한 학생과 성적은 나쁘지만 복장이 깔끔한 학생에게 기업을 상대로 프레젠테이션하도록 했다. 그러자 똑같은 내용으로 프레젠테이션을 했음에도 성적이 나쁘지만 복장이 깔끔한 학생의 프레젠테이션이 채용되었다. 그러나 어느 쪽의 성적이 우수한지를 기업 측에 알리자 최종적으로는 성적이 우수하지만 복장이 깔끔하지 못한 학생의 프레젠테이션이 채용되었다.

메라비언의 법칙은 '후광 효과'라고도 한다. 어느 대상을 평가할 때 눈에 띄는 특징에 이끌려서 다른 특징에 대한 평가가 달라지는 경우나 외모, 지위, 직함 등에 따라 그 사람에 대한 평가가 실제보다 높아지는 경우는 현실에서 흔히 볼 수 있다.

다만, 직함은 그 사람에 따라 인상이나 대응이 달라지므로 너무 직함에 의지하지 않는 게 좋다. 예를 들어 평사원에게는 경영자라는 직함에 후광 효과가 작용하겠지만 같은 경영자라면 그 효과가 떨어진다.

그러나 복장에 대해서는 모두에게 후광 효과가 작용한다. 아무리 성적이 안 좋은 사람이라도 일단 호감도를 최고로 높이고 싶다면, 고급 수트, 깔끔한 헤어스타일, 광이 나는 구두, 다듬어진 손톱 등 외모에 신경 써서 누구에게나 좋은 인상을 심어줄 수 있다. 특히 보통은 잘 신경 쓰지 않는 부분이나 신체 부위를 깔끔하게 하면 더욱 좋은 인상을 줄 수 있다.

다만, 이는 어디까지나 첫인상에 대한 것이고 실제로 일을 못한다면 '뭐야, 겉모습만 번지르르하잖아!'라며 실망하고 거기에 그치는 게 아니라 평가가 깎이게 되므로 주의하자.

21
의존성이 강한 사람을
길들이다

———— ✦

    어느 곳이든 의존성이 강한 사람은 있기 마련이다. 직장이라면 "이 문제는 어떻게 하면 좋을까요?"라고 계속 질문하며 전혀 성장하지 않는 부하직원도 있고 "이것과 이것을 해놓게"라며 자신은 아무것도 하지 않고 부하직원에게 의존하는 상사도 있다. 직장 밖이라면 "당신이 없으면 살 수 없어" 같은 말을 하며 항상 자신은 상대가 지켜줘야 할 존재임을 어필하고 애정과 보호를 바라며 상대에게 민폐가 될 정도로 의존상태가 되는 이성(異姓)이 있다.

    경중의 차는 있지만, 이런 사람은 의존성 인격장애, 즉 '마음의 병'을 앓는 사람이다. 이 병을 앓는 사람은 타인에게 항상 돌봄을 바라며 행동을 승인받으려는 의존적 성격이다. 항상 상대에게 허락을 받는 등 자신의 인생에서 주체적 책임을 피하려고 하는 것이 특징이다.

잠재적으로 의존성 인격장애가 있는 일본인은 약 300만 명이다. 이 병을 앓는 사람이 의외로 가까운 곳에 있을지도 모른다. 그 사람이 이 병을 앓고 있는지 아닌지는 웬만해선 판단이 어렵다. 어느 정도 친분이 깊어져야 서서히 정체가 드러난다.

만약 운 나쁘게 이런 사람과 접점이 생긴다면 상당한 스트레스를 받게 된다. 그것이 이성 관계라면 그야말로 업무에까지 지장이 오는 것은 시간문제다. '아, 이 사람은 의존증이 심각하구나'라는 생각이 든다면 다음 방법으로 무마하면 좋다. 바로 상대

가 무언가를 할 때마다 일단 칭찬하는 것이다.

의존증이 있는 부하직원이 한 일, 가령 자료 복사 같은 누구나 간단히 할 수 있는 일이라도 "센스 있군", "일처리가 빠르군" 하고 칭찬한다. 칭찬해주면 의존증이 있는 사람의 자존감이 높아져서 자신감이 붙게 된다. 그다음은 꾸준히 칭찬해주면 된다.

여기서부터는 검은 심리기술이다. 직장 밖에서 의존증이 조금 심한 사람과의 관계를 끊고 싶은 경우, 효과적인 기술이다. 바로 칭찬한 후에 깎아내리는 것이다. 예를 들어 "센스 있군"이라는 대사 다음에 "하지만 더 센스를 키워야지, 이대로는 민폐야"라고 말해보라. 자신감을 상실한 상대방에게 그 기술을 계속 사용하면 더는 당신 곁에 있기 싫어서 알아서 거리를 둘 것이다.

다만, 도가 지나치면 안 된다. 덧붙여 상대방이 의존성이 조금 심한 정도를 넘어 의존성 인격장애라면 이 방법을 사용하지 않는 게 좋다.

22

모순을 만들어 상대방의
죄책감을 이용하다

———— ✦

　인간의 심리상 한번 승낙하면 다음에 부탁을 거절하기 어렵다. 첫 단계에 거절할 기회가 있었는데 그때 거절하지 못해서 그 다음 요구도 거절하기 어려워지는 것이다. 이는 판매업에 종사하는 사람이 주로 사용하는 '풋 인 더 도어 법칙'으로 많이 알려진 기술이다. 자신의 행동에 모순을 일으키지 않으려는 심리가 작용하는 것으로 심리학에서는 '일관성 법칙'이라고 한다.

　그러나 최근에는 이 기술에 걸리지 않는 사람이 많아졌다. 여기서는 풋 인 더 도어 법칙보다 좀 더 어두운 기술을 소개한다. 바로 상대가 모순을 저지르도록 하는 것이다. 예를 들어 어떤 식품의 시식을 권한다고 해보자. 상대방이 시식에 응한 경우, 설사 맛이 없더라도 "맛있네요"라고 말할 것이다. 그 말이 나오면 기회다.

　대부분은 이때 "하나 구매하시겠어요?" 하고 권할 텐데, 그러면 상대방에게 자유의사를 주게 되므로 모처럼의 시식이 소용없게 된다. 이때 "맛있다고 했으니까 안 사면 안 되겠죠?"라며 구매할 분위기를 만들어야 한다. "맛없으면 안 사도 괜찮지만 맛있었잖아요. 가족분들에게도 맛보게 해주세요" 하고 자신 있게 말해보라.

이는 상대방의 모순을 찌르는 행동이다. 시식했으니 심리적으로 구매를 해야 한다는 보답성을 자극하고 "맛있다"라고 한 말에 제품 구매라는 전제를 붙이는 것이다.

'맛있다고 했으니 사야 한다'는 분위기를 만든다. 그리고 거절하기 어렵도록 "맛없으면 안 사도 돼요"라는 말로 시작한다. 그러면 상대방의 죄책감은 한층 더해져서 그 죄책감을 해소하기 위해 구입한다.

이는 고령자를 타깃으로 한 전시회 사기 등에서도 자주 사용되는 기술로 효과는 뛰어나지만 사용하는 쪽의 도덕성이 의심되므로 주의하길 바란다.

23
'호의의 보답'으로
이성과 잘 지내다

———— ✦

"○○가 너 좋아하는 것 같아."

"저번에 ○○가 너한테 관심 있다고 했어!"

친구에게 이런 말을 들었다면 당신은 분명 ○○를 의식할 것
이다. 이는 '호의의 보답성'이라고 하는데, 자신에게 호의를 품
은 사람에 대해 자신도 호의를 품게 되는 심리다. 인간관계나 연
인관계에서도 통하는데, 우선 상대방에게 호의를 보이면 상대
방도 당신에게 호의를 품게 된다.

그러나 '호의의 보답성'이란 기술을 알고 나서 자칫 '자신이
좋아하면 상대도 좋아해줄 것'이라고 착각할 수 있다. '호의의
보답성'은 어디까지나 상대방의 관심을 당신에게 향하게 하는
것뿐이지 실제로 상대방의 감정까지 흔드는 기술은 아니다. 상
대방이 당신을 좋아하게 하려면 호의의 보답성에 감정이 실리
도록 해야 한다.

상대방이 이미 당신의 호의를 알고 있다면 당신이 해야 할 것은 하나다. 호의를 형상화하는 것이다. 호의가 있음을 확실히 말로 전하자. 즉 좋아한다고 말하는 것이다. 다만 연인관계가 되려고 하지 않는 것이 요령이다. '좋아하지만 어디까지나 당신의 생각을 존중한다'라는 태도로 접근해야 한다.

한번 상상해보자. 눈앞에 있는 사람이 당신에게 좋아한다고 계속 말해주었다. 항상 아껴주고 언제나 걱정해주고 소중히 대해준다. 그런데 손도 잡지 않는다. 하지만 매일 좋아한다고 말해준다. 어떤가? 서서히 감정이 움직이지 않을까? 이것이 호의의 보답성에 감정을 신는 방법이다.

이 방법은 상대에게 애인이 있어도, 배우자가 있어도 효과를 발휘한다. 부디 불륜이나 바람피우는 데 이 기술을 사용하지 말길 바란다. 효과가 높은 만큼 반드시 상처받는 사람이 생긴다. 당신 또한 반드시 불행해질 테니 부적절한 관계를 진척시키는 데에는 절대 이용하지 마라.

24

무의식적 동작을 이용해
상대가 마음을 열도록 한다

————— ✦

'비언어 커뮤니케이션'이란 '단어가 아닌 소통'이라는 의미로 가령 '발을 꼬는 것은 이런 의미', '손바닥을 위로 향한 채 앉는 사람은 이런 사람' 같은 종류라고 앞에서 서술한 바 있다. 이를 다룬 서적이 많이 나와 있어서 아는 사람이 많을 것이다. 사실 그런 책이 없어도 우리는 무의식중에 그 의미를 캐치하고 있다.

'이유는 모르겠는데 이 사람은 왠지 비호감이야'와 같이 왠지 모르게 싫은 사람이 있지 않은가? 그 사람 또한 당신을 싫어하고 있는 경우가 많다. 무의식중에 그 사람이 드러내는 비언어 커뮤니케이션을 당신이 캐치했기 때문에 그렇게 느낀 것이다.

만약 상대를 손에 넣고 싶다면 그 무의식을 역으로 이용하면 된다. 방법을 꼽아보자면 끝이 없으므로 여기서는 기본적인 방법을 설명하겠다.

싫은 사람에게 자신의 마음을 알리고 싶지 않을 경우, 인간은 자신에게 집중하는 식으로 감정이입을 하지 않으려고 한다. 이때 자주 보이는 행동이 팔짱을 끼고 다리를 꼬고 입을 꾹 닫는 것인데, 몸의 안쪽에 집중하는 것이다.

또 상대에게 흥미가 없는 경우, 인간은 책상 위에 있는 물건을 만진다든지 가방 속을 보는 행동을 많이 한다. 반대로 상대에게 흥미가 있는 경우, 인간은 몸을 앞으로 내밀거나 눈을 빛내는 등의 행동을 많이 한다.

상대방을 수중에 넣고 싶다면 상대방 쪽으로 몸을 내밀고 눈을 크게 뜨고 상대방의 이야기를 한 글자도 놓치지 않겠다는 듯이 귀를 기울이면 좋다. 이때 당신은 그 사람에 대한 마음이나 감정을 무의식적으로 잊어야 한다. 그러면 그 사람은 당신에 대한 감정이 무의식중에 변해서 서서히 마음을 열 것이다.

25

실수를 해도 반드시
평가를 높이는 법

———— ◆

　아무리 조심해도 업무상 실수가 나오는 건 어쩔 수 없다. 모든
것을 완벽하게 해내는 사람은 없을 테니 말이다. 그러나 똑같은
실수를 해도 그 한 번의 실수로 신용을 잃어버리는 사람이 있는
가 하면 오히려 그 한 번의 실수로 점수를 따서 신용을 더 쌓는
사람도 있다.

　미국에서는 죄를 범한 사람이 재판을 받을 때 "내가 한 짓을
회개하고 있습니다"라며 피해자 측에 제대로 사죄하고 "반드시
배상하겠습니다"라고 약속하면 죄상이 가벼워지는 예도 있다.
사죄한 후에 제대로 대체 방안을 제안하면 배심원이 가해자에
대해 품는 감정이 움직인다는 게 실증되었다. 변호사도 이러한
심리를 잘 알기 때문에 이를 반드시 활용한다.

　이는 비즈니스 현장에도 활용 가능한 기술이다. 예를 들어 급
한 업무 의뢰가 들어왔는데, 그다지 응하고 싶지 않다면 "죄송

합니다만, 이미 잡힌 일정이 있어서 못 할 것 같습니다"라고 하지 말고 "죄송합니다만, 오늘은 아무래도 못 할 것 같은데 내일은 괜찮습니다"라고 말하는 게 좋다.

거절하는 이유가 거짓된 이유라도 괜찮다. '죄송하지만'이라고 서두를 꺼낸 후에 'ㅇㅇ라면 할 수 있다'라고 구체적인 안을 제안하여 의욕을 보이면 당신에 대한 상대방의 호감이 올라갈 것이다.

이때 한 가지 주의할 점이 있다. 상대방이 하는 제안이나 의뢰에 대해 '왜냐하면', '하지만', '어차피', '그러나', '그렇다면' 등의 어조를 붙이며 거절하면 절대 안 된다. 이런 단어는 상대방의 기분을 상하게 하는 데다 상대방에게 당신이 능력 없는 사람으로 비칠 우려가 있다.

26
좋을 때 애태워서 주도권을 잡는 소악마 테크닉

───────◆

사실 인간은 세상일을 판단할 때 두 가지 경우를 비교해서 판단한다. 어떤 선택이든 단 두 가지를 비교해 판단한다.

예를 들어 친구가 함께 쇼핑 가자고 권했다고 하자. 이때 쇼핑이 자신에게 좋을지 싫을지를 판단한다. '쇼핑하면 스트레스가 풀리고 친구랑 수다도 떨 수 있어서' 좋다고 생각하면 쇼핑을 가고, 반대로 '쇼핑은 귀찮아서' 싫다고 생각하면 친구의 제안을 거절한다.

상대가 좋아할지 싫어할지를 판단하면 세상일은 원활하게 돌아간다. 만약 당신이 주도권을 쥐고 싶다면 상대가 더욱 흡족해지도록 해야 한다. 이때 '좋음'에 초점을 맞춰 더 큰 '좋음'으로 이어지는 액션을 취해야 한다.

예를 들어 당신은 이제 막 사귀기 시작한 커플이라고 하자. 목요일 저녁, 상대방에게서 '내일 만날래요?' 하고 데이트를 청하는 메시지가 도착했다. 그때 곧바로 답장하지 말고 조금 뜸을 들인 후 답한다. 데이트를 청한 상대는 안절부절못하며 당신의 대답을 기다릴 것이다.

메시지를 받고 곧바로 답장하면 연애 주도권을 잡을 수 없다. 뜸을 들이고 곧바로 답장하지 않음으로써 상대에게 적당한 불안감을 안기는 것이다. 상대가 '혹시 기분 나쁘게 했나?', '마음이 식었나?', '다른 사람이 생긴 거 아니야?' 등 망상에 빠지기 시작하는 타이밍에 답장한다. 그러면 상대는 곧바로 답장을 받았을 때보다 기쁨이 배가 되며 당신의 답장을 기다린 것을 '더 좋은 경험'으로 인식하게 된다. 그렇게 되면 이후에 당신이 주도권을 잡아 리드해도 불쾌함을 느끼는 일이 없다.

물론 이 방법은 업무상에도 사용할 수 있다. 메일이나 전화의 답신을 조금 늦춰서 하면 상대방은 '바쁜 와중에 신경 써서 답을 주었다'라고 생각하게 된다. 혹자는 '답신은 빠르게 해야 한다'라고 주장할 수 있다. 상황에 따라 다르겠지만 주도권을 쥐고 싶다면 빠른 답신을 정답이라고 할 수 없다.

27

'3세트 이론'으로
나쁜 인상을 뒤집다

———— ◆

"세 번째가 진짜다"라는 속담이 있다. 보통 첫인상으로 전부 결정된다고 알려져 있는데 사실 이것은 착각이다. "세 번째가 진짜다"라는 속담은 영국 세인트 앤드류스 대학에서 실시된 심리학 실험으로 확실히 증명되었다.

여성 몇 명의 협조를 받아 남성의 인상을 세 차례로 나누어 묻고 얼마나 인상이 바뀌었는지를 조사했다. 첫 번째 대면에서 남성은 여성이 싫어할 만한 태도를 취한다. 물론 여성들이 남자에게 가진 첫인상은 상당히 안 좋았다. 두 번째 대면에서 남성은 자신의 과거에 대해 말하는데, 힘들었던 경험이 있어서 사람을 대하는 게 미숙하다고 고백한다. 세 번째 대면에서 여성에게 아주 친절한 태도를 취하며 첫 번째 대면했을 때의 태도에 대해 사과한다.

실험 결과, 90%의 여성이 남성의 인상이 아주 호감이라고 답했다. 안 좋았던 첫인상은 사라졌다. 이것으로 첫인상은 만회 가능하다는 게 증명되었다. 세 단계로 나누어 인상을 고치는 방식을 '3세트 이론'이라고 하며, 아무리 첫인상이 나빠도 이후의 행동으로 회복할 수 있다는 이론이다.

이는 이성 관계뿐만 아니라 비즈니스 관계에서도 통한다. 거래처에 '나쁜 첫인상을 심어준 것 같다'라고 생각된다면 당장 조치를 취해야 한다. 두 번째, 세 번째 만나러 갈 때마다 이전의 태도를 고치고 새로운 인상을 심어주는 것이다. 그러면 거래처는 첫인상이 흐릿해지고 당신에 대해 새로운 인상을 품게 될 것이다.

반대로 그 사람과 연을 끊고 싶을 때도 3세트 이론을 응용할 수 있다. 첫 번째보다 두 번째, 세 번째에 점점 나쁜 태도를 취하면 상대는 '이 사람 알고 보니 태도가 별로군', '깊이 얽히지 않는 게 좋겠어'라고 생각하게 된다. 즉 제대로 미움받으라는 이야기다. 철저히 미움받고 싶은 경우라면 '역3세트 이론'을 적용해보기를 바란다.

28

눈빛만 봐도 이야기에
관심이 있는지 없는지 안다

———— ✦

비즈니스 현장에서는 눈앞에 있는 사람이 당신의 이야기를 듣고 있느냐가 아주 중요하다. 당신이 하는 이야기를 상대방이 흥미 없고 그다지 도움이 되지 않는 내용이라고 판단하면 아무리 열심히 설명한들 소용없다. 비즈니스 관계에 있다 보니 일단 경청하는 척하다가 마지막에는 대부분 "아주 흥미로운 제안이군요. 검토해보겠습니다" 하고 끝맺을 것이다.

상대방이 당신의 이야기에 흥미가 있는지를 간파할 수 있으면 서로 쓸데없이 시간 낭비하는 일을 줄일 수 있다. 상대방의 행동을 관찰하는 방법은 많이 알려져 있는데, 그 자체는 틀린 게 아니지만 행동만 관찰하면 부족하다. 그 행동이 그 사람 특유의 버릇일 수도 있기 때문이다. 처음 만난 사람은 그 행동이 버릇인지 흥미가 있어서 취하는 행동인지 알 수 없다.

그러므로 자율신경 컨트롤 하에 있는 부분을 봐야 한다. 바로

'눈'이다. 상대방의 눈을 관찰해보자. 그중에서도 특히 검은자위 부분을 보자. 인간은 검은자위(동공)를 컨트롤할 수 없다. 흥분 상태가 되면 검은자위가 저절로 확장한다. 무언가에 흥미가 있을 때, 기쁠 때, 흥분했을 때 동공이 커진다. 심장과 마찬가지로 동공의 움직임은 절대로 멈출 수 없다.

'텍사스 홀덤'이라는 포커게임이 있다. 이 게임은 전 세계에 다수의 프로 게이머가 있을 뿐 아니라 매년 라스베이거스에서 수백억 상당의 상금이 걸린 월드 시리즈가 개최될 정도로 인기 있다. 그런데 게임장에서 포커 플레이어의 대부분은 선글라스를 쓰고 있다. 규칙상 선글라스 착용을 허용하고 있다. 서로 속고 속이는 중에도 동공만은 도저히 컨트롤할 수 없기 때문이다.

만약 당신의 이야기에 흥미가 있다면 상대방의 동공은 반드시 확장되어 있을 것이다. 우선 말하기 전의 동공 크기와 말하는 도중의 동공 크기를 비교해보라. 그 차이로써 당신의 이야기에 관심이 있는지 없는지를 알 수 있다. 참고로 이성 관계에서는 더욱 현저하게 나타나는 현상이니 유의해서 관찰해보자.

29

99%, 부탁을 들어주게 하는 '로볼 효과'

———— ✦

　세상에는 짧은 시간에 결과를 내려는 사람이 있다. 갑자기 매출을 올리려는 판매원, 갑자기 결혼을 전제로 고백하는 사람…. 이런 사람들을 보면 너무 안타깝다. 얼마간의 시간을 들이면 다른 사람의 지갑을 여는 것도 마음을 여는 것도 얼마든지 할 수 있다.

　그런데 사실 시간만으로는 부족하다. 좋은 결과를 향해 단계를 밟을 때마다 좀더 강력한 전략이 필요하다. '로볼(low ball) 효과'는 작은 부탁을 해서 상대로부터 'YES'를 끌어내어 서서히 부탁의 크기를 키우는 전략이다.

　예를 들어 복사 좀 해달라고 부탁하고, 그다음에는 복사해서 대표에게 가져다 주라고 부탁하고, 그다음에는 조금이라도 좋으니 기획에 대한 의견을 달라고 부탁하고, 마지막에는 기획의 리더를 맡아달라고 하는 것이다. 이처럼 단계를 밟아 상대로부터 YES를 끌어내면 거절당하는 일이 없고, 기획의 리더를 맡아 달라고 해도 부담 없이 받아들일 수 있게 된다.

이는 남녀관계에도 쉽게 적용할 수 있으며 이미 많은 사람이 무의식중에 하는 행동이기도 하다. 속마음이야 어떠하든, 만나 자마자 갑자기 키스하자고 하는 사람이 없듯이, 우선은 거리를 좁히고, 손을 잡고, 키스하는 식으로 순서가 있다. 이 또한 로볼 효과로 하나하나의 행위에 YES를 받아내야만 마지막에 키스에 성공할 수 있다.

성적이 우수한 판매원은 언변이 뛰어나 이성들에게도 인기가 많다는 것은 잘 알려진 사실이다. 이들 대부분은 무의식중에 로볼 효과를 활용한다. 주변에 업무 성과가 뛰어난 사람이 있다면 한번 "왜 그렇게 성과가 우수하다고 생각합니까?" 하고 물어보라. 아마 본인은 무의식중에 하는 행위라서 "잘 모르겠습니다. 어쩌다 보니 그렇게 됐습니다" 하고 답할 것이다. 어떤 의미로는 타고난 기질이라고 할 수 있는데, 이는 노력으로 커버할 수 있으므로 로볼 효과를 꼭 익혀보길 바란다.

30

'희소성 원리'로 당신과의 만남을 바라게 하라

———— ✦

백화점이나 마트 광고지에서 수량 한정이나 기간 한정 등의 문구를 쉽게 볼 수 있는데, 이는 '희소성'을 세일즈포인트로 한 판매수법이다.

어느 시대든 희소성을 세일즈포인트로 한 전략은 효과가 있다. 꼭 필요한 건 아니어도 손에 넣기 어려우면 갖고 싶은 마음이 생기기 때문이다.

마케팅 전략으로서의 위력은 이미 충분히 알고 있을 텐데, 희소성 원리를 인간관계에도 활용할 수 있다.

예를 들어 아직 그리 깊은 사이는 아니지만 몇 번의 데이트를 한 남녀가 있다고 하자. 남성이 "이번 주 금요일 저녁에 밥 먹을까요?"라고 다음 데이트 약속을 청하는 메시지를 보냈다. 상대방에게 마음이 있는 여성은 곧바로 답장하고 싶을 것이다. 그런데 이때 남성을 잠시 기다리게 한 후 "이번 주 금요일은 친구와

선약이 있어서 어려워요" 하고 답장을 보내는 게 좋다.

물론 데이트에 응하고 싶은 게 진짜 속마음일 테지만 여기서는 꾹 참아야 한다. 항상 생각대로 일이 풀리면 사람은 노력하지 않게 된다. 데이트를 청했는데 좀처럼 뜻대로 성사되지 않으면 당신이라는 사람에게 희소성이 부여되게 된다.

이런 희소성을 철저히 브랜딩했다는 평을 듣는 사람이 바로 팬들의 아쉬움 속에서 은퇴한 가수 아무로 나미에다. 그녀는 음악방송이나 예능프로그램에 거의 출연하지 않았다. 그녀를 만날 수 있는 건 전국 콘서트 투어뿐이었다. 그나마도 라이브 중 토크는 일절 없다. 노래를 다 부르면 그것으로 끝이다. 팬은 그녀의 사소한 말 한마디에도 크게 기뻐했다. 가수로서 그렇게까지 철저하게 희소성 브랜딩을 한 사람은 일본에서는 그녀 한 명뿐이 아닐까.

희소성의 원리를 구사할 줄 알면 당신의 가치를 상당히 높일 수 있다. 그러나 착각하지 말아야 할 점이 있다. 희소성을 높이려면 그 나름의 매력이 반드시 있어야 한다는 것이다.

예를 들어 외모를 가꾸거나 경제력을 키우거나 끊임없이 자기계발을 해야 한다. 그렇지 않으면 상대방이 '기껏 노력해서 만났는데 참고 기다릴 정도의 가치가 있었나?' 하고 의문을 가질지도 모른다.

희소성의 원리를 구사하는 일은 양날의 검과 같아서 사용이 미숙하면 큰 상처를 입을 수 있으니 주의해서 사용하길 바란다.

31

상대가 이 표정을 하면
대화를 끝내라

———— ◆

　명백하게 상대방의 기분이 안 좋은데 이를 잘 알아채지 못하는 사람이 있다. 대부분 상대방의 표정 변화를 신경 쓰지 않거나 자신의 이야기에 심취해 있어서다.

　사람에 따라 반응하는 방식은 다양한데, 단 하나 만국 공통으로 누구나 표정으로 드러나는 감정이 있다. 바로 혐오감이 들 때의 표정이다. 누구나 혐오감이 들면 윗입술의 양 끝이 순간적으로 올라간다. 만약 눈앞에 있는 사람에게서 그런 표정을 보았다면 곧바로 대화를 중단하는 게 좋다.

　앞에서 언급한 폴 에크만은 인간에게는 반드시 드러나는 7가지 표정이 있다고 했다. 분노, 경멸, 혐오, 기쁨, 슬픔, 놀람, 공포다. 특히 혐오 표정에 주목할 필요가 있는데, 사람은 한번 혐오감이 들면 좀처럼 그 감정을 없애기가 어렵다고 한다.

　한번 생각해보라. 생리적으로 안 맞는 사람 혹은 왠지 모르게 싫은 사람이 분명 주변에 있을 것이다. 그 사람에 대한 혐오감을 깨끗이 지워내기란 좀처럼 쉽지 않을 것이다. 허심탄회하게 이야기를 나누면 혐오감이 지워질지도 모르지만, 처음부터 상대하고 싶지 않기 때문에 좀처럼 그 이상 친해지기 어려운 것이다.

그러므로 비즈니스 관계든 이성 관계든 개인적인 관계든 혐오감이 들 때의 표정 변화만은 절대로 놓치지 말고 주의해야 한다. 모처럼 쌓아온 관계를 부수고 싶지 않다면 말이다.

3장

상대가 절대
거절 못하게 하는
검은 심리기술

32

상대에게 반드시
YES를 받아내는 토크 기술

———— ◆

비즈니스 관계에서나 남녀관계에서나 상대방에게서 'YES'를 받아내는 건 어렵다는 게 일반적인 상식이다. 그런데 사실 그리 어려운 일만은 아니다. 상대에게 YES를 받아내는 토크 기술이 있다.

악명 높은 나치스의 당수 아돌프 히틀러는 연설할 일이 있으면 반드시 오후 5시부터 7시 사이에 했다고 한다. 오후에는 뇌가 피로해져 사람들의 판단력이 오전보다 흐리기 때문이다. 이미 실험으로도 그 결과가 증명되었으며 이를 심리학 용어로 '황혼 효과'라고 한다.

오전보다 오후에 발생하는 교통사고의 비율이 높은 것은 판단력이 둔해지는 데다 시야가 변화를 따라잡지 못하기 때문이라고 한다.

업무상 프레젠테이션이든 사랑 고백이든 상대에게서 'YES'

를 받아내고 싶은 상황이라면 반드시 상대방의 판단력이 떨어지는 저녁에 시도하자.

또 하나 주의할 점은 대화에 완급을 주어야 한다는 것이다. 히틀러의 연설을 들어보면 서두 부분은 상당히 빠른 속도로 말한다. 빠르게 쏟아내는 말을 듣느라 상대방이 지쳐 있을 때 천천히 알기 쉽게 각인시키고 싶은 메시지를 던지는 것이다.

오후 시간대에 '처음에는 빠르게, 핵심은 천천히'라는 대화의 기술로 상대를 설득하면 7할이 당신의 말에 고개를 끄덕일 것이다. 중요한 프레젠테이션은 오후 시간대에 잡자. 사랑 고백이나 관계 진전에 대한 이야기도 오후 시간대에 하자.

이제 아침에 프레젠테이션을 잡는 게 얼마나 시간 낭비인지 이해했을 것이다. 오전은 잠에서 깬 지 얼마 안 되어 머리가 팽팽 돌아가기 때문에 사리 판단을 하는 데 최적인 시간이다. 물론 당신이 설득력 있는 내용으로 압도적인 프레젠테이션을 할 자신이 있다면 오전에 프레젠테이션을 잡아도 괜찮다. 그러나 프레젠테이션 내용에 반론이 들어와서 아무런 말도 못하면 어쩌나 하는 불안이 조금이라도 있다면 오전 중에 프레젠테이션을 잡지 않는 게 좋다.

어떤 일이든 YES를 받아내려면 타이밍이 중요하다. 이왕이면 상대방의 사고능력이 둔화된 상태일 때를 노리자. 반대로 만약 상대측에서 오후에 프레젠테이션을 하자고 제안해온다면 조금 경계할 필요가 있다.

33
대책 없이도 여러 번 먹히는 '흥분 체감 이론'

───── ✦

　당신이 판매원이고 물건을 팔고 싶다고 하자. 혹은 좋아하는 사람에게 프로포즈를 하려 한다고 하자. 당연히 상대방이 긍정적으로 반응하길 바랄 것이다.

　물건을 사기로 마음먹었을 때나 프로포즈 같은 인생의 중대사에 답을 낼 때 사람은 우선 마음속으로 결정 이후의 흥분상태를 어느 정도 상상할 수 있어야 비로소 결정한다는 통설이 있다. 이를 '흥분 체감 이론'이라고 한다. 핵심은 상대가 확실히 상상할 수 있게 하는 것이다.

　상대가 결정 이후를 시각화할 수 있는지, 청각화할 수 있는지, 감정을 마음속으로 묘사할 수 있는지…. 결정 이후를 확실히 상상할 수 있으면 상대는 반드시 고개를 끄덕일 것이다. 어째서 이렇게 단언할 수 있느냐 하면, 상대방이 그렇게 확실히 상상할 수 있게 되면 거절할 이유가 없어지기 때문이다.

예를 들어 눈앞에 100만 원이 놓여 있다고 하자. 당신은 때마침 개인적으로 여러 가지 지출이 있어서 100만 원이 필요한 상황이다. 이때 "당신의 휴대폰을 내게 판다면 100만 원을 드리겠습니다"라는 제안을 받았다면 어떻게 하겠는가? 틀림없이 제안에 응할 것이다. 방금 결정을 내렸을 때 당신의 마음속을 다시 한번 생각해보라. 시각, 청각, 감정이 함께 움직였을 것이다.

실제로 사회에서는 흥분 체감 이론 기술이 아주 많이 사용되고 있다. 특히 투자설명회에서 많이 사용된다. 사행심을 부추겨 상대방이 득이라고 생각하게끔 해서 돈을 내도 손해는 아니라고 여기게 하는 것이다.

사기꾼이 흥분 체감 이론 기술을 많이 쓰는 데에는 이유가 있다. 사실 이 기술에 속아도 사람은 그것으로 깨달음을 얻지 못하기 때문이다. 아니, 정확하게 말하면 깨닫고 싶어 하지 않는다. 그래서 또다시 속게 된다.

인간은 누군가에게 속으면 그것을 상대방의 탓이라고 여긴다. 속인 쪽이 잘못한 것이고 자신은 잘못이 없다고 생각한다. 그러나 엄밀히 말하면, 속은 쪽이 잘못이다. 이를 제대로 인식하지 않으면 언제까지고 사기꾼의 봉이 되고 만다. 속기 전의 상황은 대체로 기억에서 지워버리기 때문에 똑같은 상황이 되면 흥분만 떠올라서 더욱더 흥분 체감 이론 기술에 먹히는 것이다.

34

'조건 부여'로
생각의 골자를 빼라

————— ◆

'스탠포드 감옥실험'이라고 들어본 적이 있는가? 미국 스탠포드 대학에서 실시한 실험으로, 교내 지하에 모형감옥을 만들어 보통 사람에게 특수한 직함이나 지위를 부여하면 어떤 변화가 있는지를 연구한 것이다.

교도관과 수감자로 그룹을 나누어 실험을 진행했는데, 시간이 지날수록 교도관은 더 교도관답게, 수감자는 더 수감자답게 된다는 게 증명되었다. 그러나 이 실험은 최종적으로 금지되었던 폭력이 발생하여 애초 2주로 예정되었음에도 6일 만에 실험이 중지되었다.

여기까지 보면 '역할이 그 사람의 행동을 결정한다'라는 메시지를 떠올릴 텐데, 사실 내가 전하고 싶은 것은 그것이 아니다. 그 실험 중에 행해지는 '자기 개시 기술'에 대해 말하고 싶다. 자신의 신상에 대해 말하면 상대방도 마음을 연다는 건 앞에서도 언급한 내용인데, 상대방에게만 자신을 오픈하게 하여 아무런 생각도 할 수 없게 유도하여 정신머리를 빠뜨리는 방법도 있다. 이것이 바로 '조건 부여'라는 기술이다.

스탠포드 대학의 실험에서 교도관 역할을 맡은 사람은 모두 선글라스를 끼고 손에 경찰봉을 들었다고 한다. 초기 단계에는 서로 농담도 주고받고 했지만, 교도관 무리 중에 리더 격의 인물이 등장하면서 변화를 보이기 시작했다. 사실 여기에 인간이 인지하지 못하는 교묘한 조건 부여가 이루어진 것이다.

만약 처음부터 교도관 그룹이 무서운 사람이었다면 수감자 그룹은 처음부터 공포심 때문에 마음을 열지 못했을 것이다. 그런데 초기 단계에 마음을 연 후에 교도관 그룹이 교도관다워졌기 때문에 혼란스럽고 두려운 마음에 그들의 말을 따라야겠다는 심리 상태에 빠진 것이다. 특히 이때 교도관 역할을 한 이들에게 선글라스와 경찰봉이라는 시각적 조건이 부여되어 교도관으로 보이는 것만으로 수감자 그룹이 따르게 만들었다.

즉 상대방의 속마음을 속속들이 알아내고 싶다면 정보를 캐낼 때 똑같은 모습으로 조금씩 압박을 가해야 한다. 여러 차례 그것을 반복하게 되면 상대방은 당신을 보기만 해도 자연스레 속마음을 털어놓고 싶어질 것이다.

35
계약 마무리는
공포를 이용하라

인간에게 가장 큰 동기 부여가 되는 것은 바로 공포다. 그것이 아무리 불합리한 일이어도 공포는 사람의 행동을 끌어낸다. 공포 감정에 사로잡혀 행동하는 메커니즘은 유전자에 의해 일어나므로 인간의 본능으로는 이에 저항할 수 없다.

공포를 유도하는 네 단계를 소개한다. 이 단계는 반드시 순서대로 실행되어야 한다. 하나라도 빠뜨리면 완전한 공포를 사용할 수 없다.

1. 상대를 철저하게 두려워하게 한다.
2. 공포를 극복하기 위한 구체적인 안을 제시한다.
3. 그 제안이 공포를 낮추는 데 효과적이라는 걸 인식시킨다.
4. 상대방이 그 제안을 실행할 수 있다고 믿게 한다.

예를 들어 비즈니스 현장에서 계약을 따내야 할 상황에서 이

기술을 사용한다면 다음과 같은 순서다.

1. '이 상품'이 없으면 얼마만큼의 손실이 있고, 얼마만큼의 불이익을 초래하는지를 '이 정도나 된다고?' 싶을 정도로 새겨 넣는다.
2. 그 손실을 피할 수 있게 '이 상품'이 있다고 설명한다.
3. '이 상품'에 대한 고객의 목소리나 감상 혹은 전후 데이터를 보여준다.
4. "이 상품을 소유하려면 이만큼의 금액이 필요한데 지금이라면 어느 정도 조정 가능합니다", "나눠서 낸다면 한 달에 단돈 3,000원입니다" 라는 식으로 설명한다.

아주 간단해 보이지만 이것으로 충분하다. 이렇게 하면 계약은 아주 잘 마무리될 것이다. 이미 많은 기업에서 도입하고 있는 방식이라 아는 내용일지도 모르겠다. 그러나 실제로 이 기술을 개인적으로 사용하는 사람은 드물다.

한번 생각해보자. 당신은 어느 날 갑자기 다리 통증이 생겼고 일상생활이 불편해졌다. 다리 통증을 잡는 약이 있는데, 그 약을 먹지 않으면 평생 다리 통증을 안고 살아야 한다. 그때 누군가가 "원래 30만 원인데 오늘만 특별히 98,000원에 드리겠습니다. 지금 당장 산다면 더 할인해서 48,000원에 드리겠습니다"라고 제안했다. 그렇다면 어떻게 하겠는가? 그 약을 사고 싶지 않을까? 이런 식으로 기술을 사용하는 것이다.

36

비즈니스에서 계약 성공률을
비약적으로 높이다

————— ✦

어떤 스포츠 경기든 그렇겠지만 홈그라운드에서 싸우는 팀은 강하다. 실력이 엇비슷하다면 그 결과는 더욱 두드러지게 나타난다. 일본 프로야구에서도 홈그라운드에서 싸우는 팀은 승률이 68%나 된다는 조사 결과가 있다. 승리와 패배가 50% 확률로 비등비등하다면 홈그라운드일 때는 승리 쪽으로 기운다. 어째서 이런 일이 일어날까?

일명 '가짜 약'으로 알려진 '플라시보 효과'와 관련 있다. 플라시보라고 하면 대부분 가짜 약 실험을 떠올리는데, 사실 그뿐만이 아니라 '확신에 의한 효과 전반'을 가리킨다.

즉 앞서 예를 든 홈그라운드로 말하면 현지에 익숙하고, 현지 사람들이 응원해주고, 주변 사람들이 거의 다 내 편이라서 안심하게 되어 홈그라운드 선수들은 어웨이팀 선수들보다 훨씬 편안하게 경기에 임할 수 있는 것이다. 그러니 실력이 비등비등한 경우라면 이길 확률이 비약적으로 올라갈 수밖에 없다.

스포츠뿐만 아니라 비즈니스의 교섭 상황에서, 무언가를 판매하는 상황에서, 어떤 의사결정을 하는 상황에서도 이 기술을 적용할 수 있다.

만약 당신이 교섭 상황에 놓였다고 하면 이것만은 반드시 주의하자. 바로 '만나는 장소를 상대가 정하게 하지 말 것'이다. 반드시 당신 쪽에서 지정하는 장소로 유도해야 한다. 상대에게 장소를 정하게 하면 반드시 상대 쪽이 유리한 장소를 지정할 것이므로 반드시 이쪽이 지정해야 한다. 거기서부터 교섭이 시작된다고 생각하는 게 좋다.

37
협상에 이기려면
퍼스널 스페이스를 의식하라

◆

일본 고베에는 '메리켄 파크'라는 명소가 있다. 연인들의 데이트 코스로, 나란히 앉아 바다를 바라보며 밝은 미래를 이야기하기에 좋은 장소다. 그런데 커플들이 앉아 있는 모습을 조금 뒤에 떨어져서 바라보면, 재미있게도 누가 자로 잰 것처럼 커플과 커플 사이가 같은 간격으로 벌어져 있다.

이는 인간의 본능인 '퍼스널 스페이스' 때문이며 이는 원시시대부터 인간의 DNA에 새겨져 있는 것이다. 마음을 허락한 상대일수록 몸의 거리가 가까운 것은 당연한 이치다. 이 습성을 역으로 이용하면 교섭 상황에서 승기를 가져올 수 있다. 핵심은 마음의 거리다.

사람들은 몸의 거리가 가까우면 몸을 허락하는 것이라고 무의식중에 생각한다. 이를 이용하는 것이다. 사실 이런 기술을 자주 사용하는 사람이 호스트나 호스티스다. 술자리에서 호스티스가 옆에 앉았을 때 열이면 열 남성 손님의 허벅지에 손을 올린다. 그 순간 남성 손님은 '어? 혹시 나한테 관심 있나?' 하고 생각한다. 다른 고객에게도 똑같이 하는 행동인데도 말이다. 퍼스널 스페이스를 파고들어 여성의 매력을 최대한 발휘하면 남성 고객은 속수무책이 된다.

미국 문화인류학자 에드워드 홀(Edward T. Hall)은 퍼스널 스페이스와 애정 변화의 상관관계를 연구했다. 실험을 진행해 퍼스널 스페이스를 침해하지 않은 남녀와 서로의 퍼스널 스페이스를 침해하는 남녀를 관찰했다.

서로 친해지고 성적 행위까지 시작한 남녀의 80%는 퍼스널 스페이스를 침해한 커플들이었다. 얼핏 생각하면 이상한 현상인데, 실험 결과를 보면 일목요연하다. 호스트와 호스티스가 이 기술을 많이 사용하는 것도 당연하다.

만약 당신이 교섭 상황에 놓였다면 상대방의 퍼스널 스페이스를 의식적으로 침해해보라. 다만 무리하게 접근하면 자칫 불쾌감을 줄 수 있으니 주의하자.

38

협상 상대가 여러 명이라도
승리하는 방정식

———◆———

비즈니스 협상은 보통 일대일로 이루어지는데, 때때로 여러 명을 상대해야 할 때도 있다. 예를 들어 협상 장소가 상대방의 회사라면 교섭하는 상대방의 상사가 갑자기 동석하는 일도 있다. 일반적이라면 그런 상황이 불리하다고 생각할 텐데, 오히려 유리하게 끌고 갈 수 있다. 왜냐하면 당신의 교섭 상대가 당신이 제시하는 조건에 난색을 해도 다른 사람을 설득하면 되기 때문이다. 즉 상대방 쪽에 사람이 많을수록 당신은 협상에 유리해진다.

이를 '집단사고'라고 하는데, 사람은 집단이 되었을 때 절대로 자신은 틀리지 않았다는 생각에 빠져 상반되는 근거를 회피, 무시, 거절함으로써 중대한 의사결정에 잘못을 범하는 경향이 있다는 이론이다. 집단사고의 메커니즘은 다음 세 가지다.

1. 집단에 속한 사람은 자신들이 도덕적으로 뛰어나서 의사결정에 잘못이

없다는 생각을 서로 강화한다.

2. 집단 내부에 전원 찬성으로 착각할 만한 강력한 동조압력이 존재한다.
3. 합의에 어긋나는 정보는 배제된다.

사실 집단은 컨트롤이 매우 쉽다. 교섭 상황에서 상대가 집단이라면 재빨리 당신의 의견에 동참할 사람을 찾자. 그리고 그 사람을 집중적으로 공략하라. 그러면 당신이 원하는 협상 결과를 얻을 수 있을 것이다.

39

우유부단한 상대도
즉각 결정하도록 하는 방법

———— ◆

'뷰리단의 당나귀'라는 이야기가 있다. 목마름과 굶주림에 시달리는 당나귀가 갈림길 앞에 서 있다. 한쪽은 물이 가득 담긴 통이 있고, 다른 한쪽에는 건초가 가득 담긴 통이 있다. 두 갈림길 모두 통까지의 거리가 같다면 당나귀는 어느 쪽으로 갈까?

정답은 '아무 데도 가지 않음'이다. 당나귀는 그 자리에서 꼼짝하지 않고 있다가 결국 굶어 죽고 만다. 선택해야 하는 상황에서 아무런 결정을 내리지 못하면 결국 큰 손실을 본다는 교훈을 주는 이야기다.

이야기 속 당나귀처럼 언제까지고 결단을 내리지 못하는 사람은 실제 현실에도 존재한다. 구매할지 말지, 고백할지 말지 등 살다 보면 행동을 해야 할지 말지 결정해야 할 때가 있다. 만약 결단해야 할 상황에 놓였다면 '뷰리단의 당나귀' 이야기를 떠올려보자.

당나귀는 통까지의 거리가 모두 같았기 때문에 결단을 내릴 수 없었다. 만약 물통까지의 거리가 더 가까웠다면 당나귀는 망설이지 않고 물을 마시러 갔을 것이다. 상대방이 결단을 망설이고 있다면 이쪽에서 액션을 취해야 한다. 상대방이 선택하기 쉽도록, 상대방이 말을 꺼내기 쉽도록, 상대방이 행동하기 쉽도록 액션을 취해야 한다.

인터넷을 통해 상거래를 하는 사람들은 인터넷으로 물건을 판매할 때 반드시 상세페이지를 만든다. 그리고 마지막에 '구매' 버튼을 클릭하게 하려고 여러 가지 궁리를 한다.

보통은 상세페이지에 '결제는 이쪽'이라는 표시를 눈에 띄게 하여 '이 버튼을 누르면 지금 당장 손에 넣을 수 있음'을 표시한다. "이 버튼을 누르면 바로 상품을 손에 넣을 수 있어요"라고 호소하는 것이다. 의외라고 생각할 수 있는데, 이러한 표시가 있느냐 없느냐에 따라 구매율이 3~4배나 달라진다.

상대방에게 '손에 넣고 싶다는 마음이 들게' 하는 것을 당나귀 이야기로 비유하면 '통과의 거리를 가깝게' 하는 것이다. 상당히 효과적인 기술이니 꼭 활용해보길 바란다.

40

호전적인 상대에게는
'유사성 법칙'을 이용하라

───── ✦

협상 상대가 야성적이고 거친 성격인 경우가 있다. 아무리 해도 이쪽의 의사를 받아주지 않는 상대, 고개를 끄덕여주지 않을 것 같은 상대, 완고한 상대, 처음부터 난색을 보이는 상대 등 예를 들자면 끝이 없다. 협상 전부터 기가 눌려 위축되고 마는 상대와의 협상은 어떻게 대처해야 할까?

미국 비즈니스 협상 전문가는 협상 전에 상대방의 성격, 가치관, 취미 등을 철저히 조사한다고 한다. 그야말로 상대방이 최근에 읽은 책까지 조사하여 그 책을 읽고 상대방의 가치관에 맞게 감상문을 쓰고 그것을 기억하는 식이다.

인간은 자신과 닮은 상대에게 친근감을 느끼고 신뢰하는 경향이 있다. 처음 본 사람이라도 고향이나 취미가 같으면 왠지 모르게 친근함이 든다. 이 법칙은 어떤 성격의 사람이든 대개 통한다. 예를 들어 고지식하기로 유명한 사장이라도 자신과 비슷한 사람을 보면 호감을 느낀다.

비즈니스 관계뿐 아니라 이성 관계에서도 이 법칙이 통한다는 연구 결과가 있다. 만약 마음에 드는 이성이 있다면 그 사람과 가치관을 맞춤으로써 단숨에 거리를 좁힐 수 있다. 상대방의 가치관, 성격, 의상 스타일 등을 알아보고 마치 처음부터 그렇게 살아온 것처럼 꾸며 공감대를 만들면 좋다.

연인 관계로 발전시키고 싶을 때 이 방법이 효과적이다. 그런데 결혼은 오히려 가치관이 상반되는 부부가 더 오래 유지될 수 있다. 흔히 가치관이 맞지 않아 이혼한다고 생각하는데, 실제로 이혼하는 부부를 보면 가치관 차이보다는 다른 이유가 많다. 애초에 남자와 여자는 성향이 다르고 가치관이 딱 맞을 수는 없기 때문이다.

41

일을 유리하게 끌고 가는
마법 같은 말

────── ✦

"요즘 일은 어때요?"

"바빠서 우왕좌왕 정신없죠."

이런 답이 돌아오면 '이 사람은 일 처리가 서툰 사람인가?'라
는 생각이 들지 않은가? 일을 못하는 사람일수록 그와 비슷한
답을 한다. '바쁘다 바빠'가 입버릇인 사람은 업무 순서가 엉망
이거나 일을 시간 내에 해내는 능력이 없다는 증명이나 마찬가
지다. 한편 일을 잘하는 사람은 시간 관리나 다른 사람에게 일을
맡기는 게 능해서 그런 입버릇이 없다.

사실 기분을 좋게 하는 말, 긍정적인 말 등 '강한 어휘[Power
Vocabulary]'를 습관화하면 당신의 업무능력은 반드시 향상된
다. 인간은 상대방의 말을 듣고 무의식중에 그 사람의 능력을 짐
작한다. 그럴 리가 없다고 생각한다면 한번 생각해보자.

눈앞에 두 사람의 남성이 있다. 어느 쪽에 업무를 맡길지 선택

해보라. 둘 다 능력은 같다고 알고 있다. 그런데 한 명은 기세 좋게 "예. 맡겨주십시오. 하루 만에 끝내겠습니다."라고 답한다. 또 다른 한 명은 "예…, 물론 할 수는 있는데, 하루는 걸려요. 그래도 괜찮겠습니까?"라고 답한다. 일이 완료되는 시간도 같고, 능력도 같다. 자, 어느 쪽에 맡기겠는가? 당연히 자신 있게 대답한 쪽에 맡기리라.

강한 어휘를 사용하는 습관은 비즈니스 현장에서 상당히 도움이 된다. 성실하고 꼼꼼한 사람은 조금이라도 준비가 미흡하면 확실하게 답을 주지 않을 수 있다. 그런데 과연 세계적인 업적을 달성한 사람들은 제대로 준비했기 때문에 대단한 업적을 이루었을까?

나폴레온 힐(Napoleon Hill)은 데일 카네기에게 무상으로 성공철학책을 만들라는 말을 들었을 때 자신에 대한 확신도 없고 어떻게 해야 할지도 모르는 상태에서도 "네, 해보겠습니다. 맡겨주세요"라고 말했다. 그렇게 쓴 성공철학책은 세계적인 베스트셀러가 됐고 나폴레온 힐에게 부와 명성을 가져다주었다.

말이 지닌 힘을 간과하는 사람이 많다. '강한 어휘'는 상대방에게 막대한 영향을 끼치므로 현명하게 사용하길 바란다.

42

상대방의 마음에서
여유를 빼앗다

———— ✦

협상에서 중요한 것은 상대와의 타협점을 찾아 설득하는 것이지 상대방의 바람을 들어주는 게 아니다. '협상은 상대방의 비위를 맞추는 것'이라고 착각하기 쉬운데, 상대방의 심리를 엉망으로 만들어서 재기불능으로 만들어 협상하는 것도 가능하다.

인간은 타인이 기대하는 만큼 의욕적으로 되어 성과를 내는 경향이 있다는 설을 '피그말리온 효과'라고 한다. 미국의 교육심리학자 로버트 로젠탈(Robert Rosenthal)에 의해 제창된 이론인데, 이와 반대되는 '안티 피그말리온 효과'를 구사하는 사람은 적다.

일본 전역을 뒤흔든 '여고생 콘크리트 살인사건'이 있다. 피해자 여성은 납치되어 오랫동안 감금되었고 처참한 집단폭행을 당해 사망하였다. 그리고 그 시체가 드럼통에 담겨 콘크리트에 매장된 사건이다. 감금되었을 때 피해자는 얼마든지 도망칠 기회가 있었다. 그런데 왜 도망치지 않았을까?

사실 피해자는 도망칠 수 없는 심리 상태였다. 협박과 폭력을 당했을 뿐만 아니라 "너는 도망쳐봤자 누구도 숨겨주지 않을 거야", "네 편은 아무도 없어", "누구도 널 도와주지 않을 거야"라는 말을 들으며 '안티 피그말리온 효과'가 작용한 것이다. 자신의 존재 가치를 잃어버려 '어차피 도망쳐도 소용없어'라는 생각에 사로잡히게 된 것이다.

이는 부부 사이에서도 일어나는 현상으로 DV(배우자로부터의 폭력)를 당한 경험이 있는 사람이라면 수긍할 것이다. "넌 살림을 못해", "넌 쓸모없어", "네가 누구 돈으로 먹고사는데?" 같은 말을 오랜 기간 듣게 되면 '나는 쓸모없는 사람'이라고 생각하게 된다. 그리고 가해 배우자가 조금이라도 잘해주면 크게 고마워하고, 가해 배우자를 기쁘게 해주려고 더욱 혈안이 되고 만다.

안티 피그말리온 효과는 일종의 세뇌술이므로 잘못된 상황에서 사용하면 큰일날 수 있으니 주의해야 한다.

43

'밸런스 이론'을 이용해
단숨에 우위에 서라

———— ◆

인간은 언제나 균형 잡힌 인간관계를 추구하기 때문에 그 균형이 깨지면 자신의 견해를 바꿔 관계를 복원하려는 심리 경향이 있는데, 이를 '밸런스 이론'이라고 한다. 예를 들어 친구가 싫어하는 사람이 있으면 자신도 그 사람을 싫어하게 되는 것이다. 반대로 친구가 좋아하는 사람이 있으면 자신도 그 사람을 좋아하게 된다.

'밸런스 이론'은 특히 협상할 때 기억하면 좋다. 상대방을 설득하는 자리에서 공통의 지인을 언급하며 "그 사람도 이것이 마음에 들었는지 구입하더군요"라고 했다고 하자. 이 한마디는 협상의 성공을 이끄는 결정적인 한 방이 될 수 있다. 어떤 결정을 망설일 때 믿을 수 있는 사람이 먼저 결정을 내렸다면 참고하지 않을 수 없을 것이다.

인질협상가가 범인과 협상할 때 자주 하는 질문으로 "부모님은 어디 계시나?", "여자친구나 부인은 있나?" 등이 있다. 협상가는 범인과 친한 인물을 이용해 범인의 마음을 흔들려는 작전을 펼친다. 생판 남이 하는 말은 듣지 않아도 부모나 애인의 한마디에는 생각이 바뀐다.

밸런스 이론을 이용하면 '그 사람이 선택했으니 틀림없어'라는 심리 작용을 일으킬 수 있다. 만약 당신의 협상 상대가 야성적이고 거친 사람이라면 사전에 그 사람이 신뢰하는 인물을 조사한 후 협상에 임하자. 협상의 마지막 카드로 그 사람의 이름을 꺼내면 성공할 확률이 높다.

호감이 있는 이성과 친해지고 싶은 경우에도 '밸런스 이론'을 적용할 수 있다. 사전에 상대가 신뢰하는 주변 사람에게 다가가 늘 긍정적인 태도를 보이며 신뢰를 쌓는다. 그다음에 호감이 있는 이성에게 다가가면 먼저 친분을 쌓은 주변 사람이 상대방의 등을 떠밀어 의외로 간단히 깊은 사이로 발전할 수 있다. '호감 가는 상대방의 주변인'을 자기 편으로 만드는 것은 아주 중요하다.

44

부하직원에게 반드시
목표를 달성토록 하라

———— ✦

　독일 심리학자 쿠르트 레빈(Kurt Lewin)이 제2차 세계대전 중에 실시한 실험의 결과를 다시 조사하고 싶다는 의견이 있어서, 나중에 영국에서 어느 대학을 대상으로 재실험이 이루어졌다.

　30명을 한 그룹으로 하여 두 그룹을 만들어 한쪽 그룹의 학생들에게는 각자 목표를 세우라고 하고 다른 사람에게는 발표하지 않도록 했다. 또 다른 그룹의 학생들에게는 각자 목표를 세우라고 하고 앞에 나와 발표하게 하여 서로의 목표를 공유했다. 1년 후 두 그룹의 목표 달성 정도를 조사해보니 모두의 앞에서 발표했던 반의 학생들이 그렇지 않은 학생보다 약 3배나 성취율이 높았다.

　이를 '공개선언 효과(public commitment effect)'라고 하는데, 공식적인 상황에서 자신의 목표를 선언하면 그 목표를 달성하기 위해 노력할 확률이 높아진다는 이론이다. 정치 세계에서는 이를 '공약

(manifesto)'이라고 한다.

협상 자리에서는 상대방으로부터 '선언'을 끌어내는 것이 중요하다. 일본 야쿠자도 '선언'을 끌어내는 게 중요하다는 걸 안다. "이봐, 아까 할 수 있다고 했잖아! 형씨, 약속했으면 지켜야지!" 만약 야쿠자에게 이런 말을 들었다면 더는 도망갈 곳이 없다. 왜냐하면 야쿠자가 그렇게 말했다는 것은 이미 어떤 약속을 한 것이나 다름없기 때문이다.

비즈니스 현장에서 '공개선언 효과'를 적용하고 싶다면, 회의나 미팅에서 직원 개개인이 앞에 나가 목표를 발표하게 하면 된다. 공개적으로 목표를 선언하게 되면 스스로 책임감이 생겨 목표 달성을 위한 노력을 하게 될 것이다.

범죄 현장에서 전문 협상가가 범인에게 자주 사용하는 방법으로는 범인에게 자신이 한 말에 절대적인 책임을 지우는 것이 있다. 전문 협상가는 범인이 한 말을 한 문장, 한 문장 확실히 기억하여 협상을 원활하게 진행한다. 때때로 전문 협상가가 범죄자보다 무서울 때가 있는데, 바로 범인이 자신이 한 말에 책임을 지지 않을 때다. 그때는 어느 쪽이 악당인지 헷갈리는 것도 사실이다.

45
히틀러의 비기!
상대방의 판단력을 흐리게 하는 법

———— ◆

악명 높은 독일 나치의 아돌프 히틀러와 관련되어 많은 이야기가 전해지는데, 히틀러에게 직접 점성술을 전한 인물이 있다. 바로 에릭 얀 하누센이다. 하누센은 멘털리스트로 트릭을 사용해 그야말로 초능력 같은 현상을 일으킨다. 오컬트에 관심이 많았던 히틀러는 하누센을 높이 평가했다고 한다.

하누센이 히틀러에게 가르쳐준 수많은 인심 장악기술 중 상대방의 판단력을 흐트러뜨리는 기술이 바로 '제스처'다. 사람은 누군가가 말하는 내용을 언어를 통해 듣는데, 언어 외에도 정보가 전해지는 또 하나의 통로가 있다. 외모, 자세, 몸짓 등 눈에 보이는 형상으로도 다량의 정보가 전해진다.

미국 스탠드업 코미디언협회의 조사에서 커뮤니케이션의 절반 이상이 언어에 의지하지 않고 이루어지고 있다는 결과가 나왔다. 인간은 메시지를 귀로 들어온 언어 정보는 물론 눈으로 들어온 비언어 정보에 근거해 판단한다.

　그렇다면 히틀러는 도대체 어떤 연설을 했을까? 그의 연설은 몸짓과 손짓이 상당히 과했다. 때로는 힘껏 주먹을 날렸고, 때로는 '국민들이여' 하고 외치며 크게 양손을 좌우로 벌렸다. 주먹을 머리 위로 치켜든 채 마음을 울리는 메시지를 외치면 청중은 고무되기 마련이다.

　간단히 실험해보자. 당신은 남성이고 눈앞에 매력적인 두 명의 여성이 앉아 있다. 한 명은 담담하게 손을 내밀며 "악수할까요?"라고 말하고, 다른 한 명은 활짝 미소 지은 채로 손을 내밀며 "악수할까요?"라고 말한다. 당신은 후자와 악수하고 싶을 것이다. 이것이 바로 눈에 보이는 정보의 힘이다.

　만약 비즈니스 현장에서 발표할 기회가 있다면 몸짓과 손짓을 크게 하자. 분명 평범하게 발표할 때보다 청중의 호응이 좋을 것이다.

46

으스대는 권위주의자를
얌전하게 하다

───── ✦

인간은 되도록 평등하길 바라지만 그렇게 될 수 없는 게 오늘날의 자본주의 사회다. 자본주의 사회이기 때문에 권의주의라는 사상이 등장한 것이다.

만약 당신의 상사나 선배가 권위주의자라면 당신은 아주 큰 스트레스를 받을지도 모른다. 딱 보고 만만해 보이면 얕잡아보고 자신이 제일 잘났다는 생각으로 다른 사람들을 부려먹는다. 그런 사람을 보면 기분이 나쁜 게 당연하다.

주변에 권위주의자가 있어 스트레스를 받고 있다면 걱정하지 마라. 잠재울 수 있는 독을 알려주겠다. 권위주의자의 심리는 알기 쉽고 매우 소심하다는 게 특징이다. 거만함으로 소심한 모습을 감추지만 사실 90%의 권위주의자가 소심하다.

권위주의에 맞서려면 권위주의를 이용해야 한다. '눈에는 눈 이에는 이' 작전이다. 방법은 간단하다. 예를 들어 상사가 권위를 앞세워 어떤 지시를 했다고 하자. 당신은 아직 할 일도 끝내지 못해서 다른 일에 손댈 여유가 없다. 이때 당당하게 "지금 진행 중인 업무가 있습니다. 대표님께서 맡기신 일이라서…. 그래도 지금 업무를 중단하고 그 일을 먼저 하라고 말씀하신다면 그렇게 하겠습니다" 하고 말해보라. 분명 그 업무는 다른 사람에게 돌아갈 것이다.

권위주의자는 자신보다 권력이 있는 사람을 거역하지 못한다. 즉 자기가 윗사람이라고 생각하는 사람은 항상 자기보다 윗사람인 사람을 신경 쓴다. 그러므로 이런 사람에게는 '내 뒤에 당신보다 높은 사람이 있다'는 뉘앙스를 풍김으로써 권위주의를 깨트릴 수 있다.

다만 이 기술을 사용하면 그 사람이 당신을 눈엣가시로 여길 수 있다. 그러므로 기본적으로 그 사람을 칭찬하거나 자신을 낮춰 그 사람을 치켜세우거나 그 사람의 의견에 동조하는 등 능숙하게 기분을 맞춰주는 요령도 필요하다. 그렇게 해서 상대가 한껏 들떠 있을 때 이 기술을 사용하자.

4장

원하는 대로
타인을 컨트롤할 수 있는
검은 심리기술

47

'바넘 효과'로 상대가
저절로 의지해 오다

———— ✦

    누구나 자기 자신을 좋아하고 자기 자신이 제일 소중해서 모두에게 인정받고 싶어 한다. 자존심을 지킴으로써 사람은 자신의 존재 가치를 확인하고 자신이 사회에서 필요로 하는 존재라고 생각한다. 인간은 자신을 인정해주는 사람을 내 편이라고 판단하고 자신을 인정해주지 않는 사람을 적이라고 판단한다.

    상대방의 자존심을 충족시켜주는 것은 상당히 중요하다. '이 사람은 나를 이해해주는구나!' 하고 상대가 생각하는 순간, 그 사람은 무조건 이쪽 뜻대로 움직인다. 이때 소개하고 싶은 이론이 '바넘 효과(Barnum effect)'인데, 누구에게나 해당하는 일반화된 성격에 대해 말해도, 자신만 해당하는 개성으로 받아들이는 경향을 말한다. 이는 19세기의 서커스 선구자 피니어스 테일러 바넘(Phineas Taylor Barnum)으로부터 유래한 것으로 콜드리딩을 하는 점성술사, 영능력자, 점술가 등의 핵심 기술이기도 하다.

예를 들어 "당신은 타인의 사랑이나 칭찬을 받고 싶은 강한 욕구가 있죠?"라는 말을 들었을 때 어떤 생각이 드는가? "당신은 붙임성이 있고 사교적일 때도 있지만 내성적이고 신중하며 소극적일 때도 있죠?"라는 말을 들으면 또 어떤 생각이 드는가? "당신은 자기 자신에게 비판적일 때가 있죠?"라는 말을 들으면 어떤가? 아마 당신에게도 모두 적용되는 말일 것이다. 이것이 바로 바넘 효과다.

언뜻 보면 당연한 것처럼 생각되는 것을 교묘하게 대화에 넣으면 상대방은 눈치채지 못한다. 바넘 효과가 발생할 만한 말을 상대방에게 차례차례 건네면 상대방은 '이 사람은 나에 대해 잘 아는구나' 하고 생각하게 된다.

우스갯소리처럼 들릴지도 모르겠지만 나 또한 멘탈리즘 공연을 할 때 이 기술을 사용한다. 공연이 끝나면 몇몇 관객이 나를 찾아와 인생 상담을 의뢰한다. 그만큼 바넘 효과는 단순하고 강력하다. 사람을 속이려는 목적으로 사용하면 큰일로 번질 수 있으니 주의가 필요하다.

48

혼내는데 부하직원은
고마워한다

───── ◆

"또 부장님 막말 시작됐어!" 상사는 잘못된 점을 지적한다지만 듣는 부하직원으로서는 그다지 듣기 좋은 이야기는 아닐 것이다. 큰소리로 부하직원을 꾸짖는 상사의 대부분은 콤플렉스가 있다. 부하직원을 심하게 꾸짖음으로써 정신안정을 도모하는 것이다. 잘못된 점은 꾸짖되 나중에 분란의 빌미가 되지 않도록 꾸짖어야 한다.

그럼 부하직원을 어떻게 질책해야 할까? 꾸짖을 땐 반드시 같은 시선에서 꾸짖어야 한다. 아이를 훈육할 때를 생각해보자. 육아에 능숙한 사람은 아이를 훈육할 때 반드시 몸을 낮춰 아이와 눈높이를 맞춘다. 어른을 질책할 때도 마찬가지다. 인간은 상대방이 자신과 같은 시선에 있으면 자신을 동급으로 대해준다고 여긴다.

권위주의 상사는 상하관계를 중시하다 보니 자신은 서 있고 부하직원은 앉힌 상태로 꾸짖는다. 부하직원은 자신보다 낮은 위치에 있는 게 당연하다며 업신여긴다. 한편 회사 대표는 대개 본인은 앉아 있고 부하직원은 옆에 세워둔 채 꾸짖는다. 이는 자신은 지위가 절대적이고 부하직원은 장기말이라고 여기기 때문이다.

이렇게 꾸짖는 행위 하나만 보더라도 그 사람이 자신을 무의식중에 소중히 여기고 있는지 아닌지를 알 수 있다. 부하직원이 진정 자신을 따르길 바란다면 제대로 같은 시선에서 질책하는 게 바람직하다.

여담이지만, 미국에서 2세부터 6세의 아이를 대상으로 한 설문조사를 보면, 제대로 같은 시선에서 혼내는 선생님은 인기가 있고 선 채로 아이를 내려다보며 꾸짖은 선생님은 인기가 없었다. 이때의 기억은 초등학교 고학년까지 남아서 초등학교 6학년이 되어서도 '어렸을 때 좋아한 선생님'에 대해 또렷이 말한다고 한다. 반대로 싫어한 선생님의 기억은 흐릿했다고 한다.

행동의 아주 작은 차이이지만 상대방의 의식에 크게 작용하는 만큼 주의하길 바란다. 그리고 무엇보다도 같은 시선에서 질책하는 것이 장기적으로 보면 본인에게도 도움이 된다.

49

적성을 간파하려면
함께 식사하라

———— ✦

　함께 식사하면 상대방의 됨됨이를 잘 알 수 있다. 특히 여성은 데이트할 때 무의식적으로 남성이 어떻게 식사하는지를 본다. 식사하는 모습이 최악일 경우에는 한 번의 데이트로 그 남자는 아웃당할 수 있다.

　회사 대표가 부하직원을 데리고 가서 함께 식사하기도 한다. 물론 격려하는 차원의 행동일 수도 있지만 사실 같이 식사하는 이유가 있다. 식사 예절은 어떤지, 어떤 메뉴를 주문하는지 등 행동거지를 관찰하는 것이다.

　식사는 인간의 본능이며 인간은 먹지 않고는 살 수 없다. 본능이 좌우되는 자리에서는 반드시 그 사람의 본모습이 드러난다. 예를 들어 그 사람이 결단력이 있는지를 보려면 메뉴를 정하는 속도를 보고 판단할 수 있다.

　식사 메뉴판을 들여다보고 한없이 고민하는 사람이 회사 대표를 할 수 있을까? 식사 메뉴 하나 선택하는 데에도 주저하는 데 비즈니스에서 결단력을 보이리라고 생각되지는 않는다. 술이 나왔을 때 제일 먼저 맥주를 따르는 것은 행동력이 있다는 증거다. 이런 사람은 행동력이 중요한 마케팅이나 기획 업무에 최적이다. 음식이 나왔을 때 모든 사람에게 덜어주는 사람은 배려심이 있다고 볼 수 있다. 이런 사람은 배려심이 중요한 서비스 업무에 최적이다.

이렇듯 함께 식사하는 것만으로도 그 사람에 대해 많은 것을 알 수 있다. 대표는 식사를 함께하며 부하직원의 성향을 파악해 적재적소에 인력을 배치할 수 있다.

부하직원을 어떻게 대해야 할지 모르겠다며 고민하는 사람이 많다. 부하직원이 상사를 따르지 않는 근본적인 원인이 있다. 바로 일이 재미없기 때문이다. 일이 재미없는 이유는 단순하다. 그 사람에게 맞지 않는 업무이기 때문이다. 그 사람에게 맞는 일을 맡기면 당연히 그 사람은 일에 재미를 느껴 업무 효율이 높아질 것이다.

사실 함께 밥을 먹으며 상대방을 파악하는 방법은 중국 마피아들이 즐겨 썼다고 한다. 함께 밥을 먹으며 '이놈은 무엇을 잘하는지'를 판별했는데, 가령 결단력이 있는 사람은 중요한 거래 현장에 데려가고, 행동력이 있는 사람은 제일 선두에 배치해 위험한 현장을 맡기고, 배려심이 있는 사람은 자신의 신변에 두는 식이다. 이렇게 중국 마피아는 '적재적소'를 유의하며 세력을 넓혀 갔다고 한다. 함께 식사하는 것만으로 상대방이 무엇을 잘하는지 판별할 수 있으니 인사에 활용해보자.

50

의욕을 북돋우려면
여기에서 식사하라

————— ◆

    함께 식사하면 적성을 알 수 있어 좋다고 했는데, 여기에 하나 더 덧붙여 식사 장소도 매우 중요하다. 상대방의 행동 변화를 이끌고 싶다면 식사 장소에 신경 쓰자.

    그렇다면 어떤 식사 장소가 가장 좋을까? 제일 좋은 곳은 중화요리점이다. 아니, 정확하게 말하면 원형 테이블이 있는 곳이다.

    원형 테이블은 공평과 평등을 의미한다. 원형 테이블에 둘러앉으면 누가 제일 윗사람인가 하는 감각이 사라진다. 사각형 테이블과 비교해보라. 원형 테이블에 앉으면 참석한 인원 모두가 평등하다는 느낌이 들어 어떤 관계이든 평온한 분위기가 된다.

    반면 사각형 테이블은 권위주의와 공격적인 분위기가 있다. 실제로 일본에는 사각형 테이블의 앉는 위치에 따라 그 사람의 지위를 알 수 있다는 게 공식처럼 자리 잡혀 있다.

    만약 당신이 사람들의 의욕을 고무시키고 싶다면 반드시 원형 테이블에서 식사해야 한다. 원형 테이블에 둘러앉으면 사람들은 당신이 하는 응원의 말을 윗사람이 하는 말이 아니라 같은 눈높이에 있는 사람이 하는 말로 받아들인다.

미국을 대표하는 기업 구글 본사가 있는 실리콘밸리에는 굴지의 IT 기업이 산재해 있다. 이곳에 있는 회사 내부를 보면 회사 동료와의 대화 장소, 브레인스토밍 장소, 기획 회의 장소 등에 원형 테이블이 놓여 있다는 건 이미 유명하다.

원형 테이블이 사람들에게 의욕을 고무시키는 효과는 있지만 어떤 의사결정을 할 때는 적합하지 않다. 어디까지나 공평하고 평등한 분위기를 조성하고 싶은 경우에만 활용하길 바란다.

51

부정적인 태도를 한순간에
긍정적으로 바꾸다

———— ◆

뭐든지 부정적으로 받아들이는 사람이 있다. 그런 사람을 상대하는 건 매우 스트레스가 쌓이는 일인데, 그 사람이 어쨌든 소통해야 하는 직장 동료라면 무시할 수도 없다. 하물며 그런 사람이 거래처 직원이라면 더더욱 피할 수 없다.

이렇게 매사 부정적인 사람은 사실 질투가 많은 사람이라서 늘 상대방의 행동을 의심한다. 당신이 아무리 윈윈(WIN-WIN)하는 제안을 하더라도 그 사람은 믿질 않는다. 이런 유형의 사람은 독립심이 없고 유아성이 강하며 항상 불안함을 품고 있다. 이런 사람과 비즈니스 관계가 아니라 연인 관계로 얽힌다면 정말 큰일이다.

매사 부정적인 사람을 대할 때에는 반드시 당신의 생각이나 행동을 그 사람이 시각화할 수 있도록 하는 게 중요하다. 예를 들어 거래 안건이 있는데 상대방이 매우 부정적인 태도라고 하자.

"아뇨, 괜찮습니다. 맡겨주십시오"라는 말만으로는 상대방의 부정적인 태도가 절대 해소될 수 없다. "예. 이 안건대로라면 다음 달 말에 귀사 창고에 도착합니다. 운송회사는 저희 쪽에서 수시로 확인할 수 있으니 안심하십시오"라고 말한다면 어떨까? 차이점을 눈치챘는지 모르겠다. 얼마만큼 구체적으로 말하느냐, 내용을 시각화했느냐가 관건이다.

이는 '마음의 이론'이라고도 하는데, 나 자신이나 타인의 마음 상태를 추측하는 마음의 기능이다. 당신이 구체적으로 이야기하게 되면 상대방은 마음속으로 당신의 생각을 이미지화하여 자신의 마음과 당신의 마음 상태가 같음을 확인하고 안심하는 것이다. 그렇게 해서 상대방의 부정적인 태도를 한순간에 긍정적으로 바꿀 수 있다.

남녀관계에도 이 기술은 매우 유용하다. 상대방이 좀처럼 자신을 믿어주지 않는다면 속마음을 구체적으로 이야기해서 마음을 시원하게 풀어주면 관계가 좋아질 것이다. 그다음이 진정한 신뢰를 쌓을 수 있는 기회다.

52

간단히 판매 실적을
높이는 법

———— ✦

어느 기획 회의에서 새로운 아이디어를 내야 한다고 하자. 아무리 생각해도 좋은 아이디어가 떠오르지 않아서 하는 수 없이 잠을 잤다. 다음 날 아침 출근 준비를 하는데 번뜩 좋은 아이디어가 떠올랐다. 한 번쯤 그런 경험이 있지 않은가?

위인들의 일화를 봐도 비슷한 경험을 찾아볼 수 있다. 대표적으로 아이작 뉴턴이 있다. 그는 만유인력을 발견한 것으로 유명하지만, 사실 만유인력을 발견하기 닷새 전에 싫증 나서 생각하기를 그만뒀다고 한다. 그런데 우연히 사과가 땅에 떨어지는 모습을 보고 만유인력을 발견하게 된 것이다.

인간의 뇌는 과부하 상태일 때 절대로 좋은 아이디어가 떠오르지 않는다. 반대로 뉴턴처럼 생각을 그만두었을 때 불현듯 답을 찾을 수 있다. 이를 심리학에서는 '수면자 효과(sleeper effect)'라고 한다.

예를 들어 판매원이 갖은 노력을 해도 설득할 수 없던 상대방이 며칠 후 갑자기 설득에 응하는 경우가 있다. 판매원에 대한 신뢰가 없어서 처음에는 관심이 없다가 시간이 지날수록 판매원에 대한 신뢰보다 정보원에 대한 신뢰가 커져 설득에 응할 마음이 생겼기 때문이다. 이 타이밍에 확실히 계약을 마무리하면 물건을 팔 수 있다. 아무리 애써도 설득할 수 없는 상대는 완전히 손 떼고 시간을 두는 게 오히려 좋은 결과를 가져올 수 있다.

남녀관계에도 이 기술은 효과적이다. 호감 가는 상대에게 계속 어필했는데도 반응이 없으면 한번 연락을 끊고 시간을 두고 기다려보라. 1주일 후가 될지, 1년 후가 될지 모르겠지만 시간을 두고 지금 관계를 유지할지 다시 기회를 엿볼지 생각해보는 게 현명하다.

상대에게 여지가 없는데 한쪽에서 일방적으로 매달리면 상대방의 화만 돋우게 되니 기회를 기다리자. 일방적으로 매달리면 상대의 미움을 사서 두 번 다시 설득할 기회를 잃지 않게 주의하기를 바란다.

53

다수파 의견을
뒤엎다

———— ✦

미국 영화 〈12명의 성난 사람들(12 Angry Men)〉은 동명의 법정소설
을 원작으로 하는 명작이다. 12명의 배심원이 한 피고인에 대한
판결을 내는데, 만장일치여야 유죄가 되는데 단 한 명만 무죄를
주장한다. 그는 다른 배심원에게 고정관념 없이 의심스러운 점
을 재검토하라고 설득한다. 영화 막바지에 피고는 마침내 무죄
를 받는다.

이를 '모스코비치의 전략'이라고 하는데, 적은 인원수로 다수
파의 의견을 어떻게든 무너뜨리고 싶을 때 사용하는 수법이다.
소수파의 의견이 집단에 크게 영향을 미치기 때문에 '소수의 영
향력(minority influence)'이라고도 불리는 현상이다.

일본 회사는 기본적으로 대세를 따르기 때문에 이 기술을 사
용하는 사람은 드물다. 섣불리 사용했다가는 자칫 회사에서 잘
릴 수도 있으므로 얌전히 있는 게 신상에 좋을 수 있다. 하지만

정말 잘못된 사항이라면 꿋꿋이 주장함으로써 지지나 공감을 얻을 수도 있다.

모스코비치의 전략과 관련해 친구의 경험을 소개한다. 출근 길 지하철에서 치한으로 오인당한 적이 있다고 한다. 모스코비치의 전략을 떠올린 친구는 일관되게 무죄를 주장하며 결코 현장을 떠나지 않고 그 자리에서 변호사를 불렀다. 현장에 온 변호사가 상대 여성의 부모에게 연락하는 단계까지 오자 상대 여성이 자신의 잘못이라고 증언을 번복했다고 한다.

그 친구가 한 일은 일관되게 행동한 게 전부였다. 만약 그가 섣불리 경찰이 유도한 대로 경찰서까지 끌려갔다면 사태는 커졌을지도 모른다.

54

'안티 클라이맥스'로
프레젠테이션 성공하는 법

───── ✦

비즈니스 현장에서 프레젠테이션하는 모습은 이제 아주 흔히 볼 수 있다. 대부분은 파워포인트로 부랴부랴 슬라이드를 만들고 발표 연습에 집중하며 준비한다. 하지만 아무리 준비해도 프레젠테이션 결과가 늘 좋지 않은 사람이 있다. 청중을 고려하지 않은 게 원인이다.

프레젠테이션 발표자가 아무리 탄탄한 자료를 준비하고 논리적인 설명을 한다고 해도 청중에게 걸맞은 말투를 사용하지 않으면 의미가 없다.

청중을 간과해서는 성공적인 프레젠테이션이 될 수 없다. 프레젠테이션에 유용한 기술 두 가지를 소개한다.

- 클라이맥스: 처음에 설명하고 나서 결론을 말한다.
- 안티 클라이맥스: 처음에 결론을 말하고 나서 설명으로 넘어간다.

예를 들어 고지식하고 완고한 팀원들이 당신의 프레젠테이션의 청중이라고 하자. 이럴 땐 설명을 늘어놓을 게 아니라 느닷없이 결론부터 내는 안티 클라이맥스 프레젠테이션을 해야 한다. 반대로 처음부터 당신 이야기에 흥미가 있는 팀원들이 청중이라면 클라이맥스 프레젠테이션으로 차근차근 설명한 후 결론에 도달해야 한다. 프레젠테이션의 청중을 파악하고 그들에게 걸맞은 화법을 사용하는 게 중요하다.

세계적인 강연회를 주최하는 단체 TED는 프레젠테이션으로 유명 강연회를 열고 있다. 저명한 인사가 많이 강연했다. 버진그룹 창시자 리처드 브랜슨(Richard Branson)이나 오바마 대통령(프레젠테이션 당시)의 프레젠테이션도 있으니 다른 사람의 프레젠테이션 방식이 궁금하다면 꼭 찾아보길 바란다.

55

양면 제시로
신뢰를 얻다

———— ✦

　마케팅에서 양면 제시(장단점을 모두 전달하는 것)를 하면 확실한 신뢰를 얻을 수 있다는 말이 있다. 물론 맞는 말이지만, 정말 양면 제시가 꼭 필요할까?

　사실 양면 제시는 사기꾼이 고안한 방법으로, 꼭 올바른 방법이라고만 할 수는 없다. 사기꾼이 상대방이 믿게 하려고 일부러 상품의 나쁜 점을 말하는데, 이 나쁜 점이라는 게 사실 아무것도 아닌 것을 억지로 짜낸 것이다. 그래서 상대방은 나쁜 점이라고 말하는 내용을 듣고 '뭐, 그렇게 결점도 아닌 것까지 구태여 알려주고…. 참 믿을 만한 사람이네' 하고 생각하게 되는 것이다.

　어떤 잘못을 저질러서 솔직하게 결점을 제시해야 하는 상황이 발생할지는 모르겠지만, 일반적으로 양면 제시 기술이 비즈니스 현장에서 꼭 필요해 보이지는 않는다.

　마케터의 업무는 마케팅이다. 그런데 왜 팔리지도 않게 구태여 이쪽에서 먼저 마이너스가 되는 면을 보이겠는가. 양면 제시는 전혀 필요 없다.

그래도 양면 제시가 효과적인 것은 분명하다. 그러니 다음과 같은 방법으로 활용해보면 어떨까.

당신이 상대방에게 제시하는 상품을 보자. 분명 어떤 결점이 눈에 뜰 것이다. 다만 그 결점에 집중하는 게 아니라 전혀 결점이 아닌 부분을 찾아보라. 그리고 당신이 그 상품을 팔 때 전혀 결점이 아닌 부분을 결점이라고 말한다. 그러면 상대방은 당신에 대한 신뢰도가 높아질 것이다.

다만 이 기술은 섣불리 사용하기보다는 제대로 지식을 연마한 후 시도하는 게 좋다.

56
이성에게 어필하는
금단의 테크닉

───── ◆

여성이 남성에게 성적 어필을 하는 방법은 비교적 간단하다. 얇은 옷을 입거나 몸을 자주 터치하면 어지간히 둔한 남성이 아니고는 대부분 신호를 눈치챈다.

문제는 남성이 여성에게 성적 어필을 어떻게 하느냐다. 단순히 민소매 같은 걸 입고 피부를 노출하면 이상한 사람이 되니 절대로 그러지 말자.

여성은 마음이 움직이면 그 상대를 이성으로 의식한다. 여성의 감정을 움직이는 방법은 스킨십이다. 스킨십은 여성의 마음을 크게 움직인다. 이때 스킨십은 오빠가 여동생에게 하는 스킨십이다. 이를 '브라더 로직'이라고 하는데, 많은 여성이 오빠 같은 남자에게 무의식중에 끌린다고 한다.

당연히 여기서 '오빠'는 진짜 남매가 아니라 의지할 수 있는 존재를 말한다. 항상 나를 걱정해주고, 당차고, 내 편이 되어주고, 내게는 관심이 없는 존재다. 여기서 '내게는 관심이 없는 존재'라는 게 가장 중요하다.

여성은 자신에게 관심이 없어 보이기 때문에 안심하고 속내를 보인다. 자신에게 관심 없어 보이지만 어떤 일이 생겼을 때 누구보다도 걱정해준다. 그런 사람에게 여성은 연애 감정을 품는 법이다. '나를 이해해주고 내가 의지할 수 있는 사람'이라고 여성이 인식하게 되면 머지않아 그 남성을 연애 상대로 의식하게 된다.

57

이성을 설득할 땐
이 타이밍을 잡아라

───── ✦

　호감 가는 이성이 있을 때 '이 세상에 여자(혹은 남자)는 많아'라며 기회는 얼마든지 있다고 넘겨도 그만이지만 꼭 '그 사람'이어야 한다고 생각하는 사람도 많다. 확신하건대, 호감 가는 이성의 마음을 사로잡는 방법은 있다. 외모가 뛰어나지 않아도 말이다.

　고백에 실패하는 단 하나의 원인은 바로 '나쁜 타이밍'이다. 타이밍만 맞으면 90% 이상의 확률로 고백에 성공할 수 있다. 이때 사용하는 이론이 '호의의 자존 이론'이다. 호의의 자존 이론이란 자기 평가가 낮을 때 자신을 인정해준 사람에게 강한 매력을 느끼는 심리 현상이다.

　만약 고백하고 싶은 이성이 있으면 그 사람이 자신감을 잃었거나 실연을 당해 자기 평가가 낮아진 때를 기다리자. 바로 그때가 고백 타이밍이다.

　사생활에서나 직장생활에서나 살다 보면 실패해서 침울해질 때가 있다. 자기 평가가 떨어지면 지금껏 고수하던 이성에 대한 조건 기준도 낮아진다. 또 지금의 불안함을 해소하고 싶어서 주변 사람에게 인정이나 애정을 바라게 된다. 이때 호감이 있음을 보여주면 그 사람은 보여준 감정을 솔직하게 받아줄 것이다. 마음에 둔 이성이 있다면 그 사람에게 애인이 있더라도 친구 관계를 유지하며 항상 친절하게 고민을 들어주거나 위로해주는 게 좋다.

살다 보면 별의별 일이 다 생긴다. 그 사람의 애인이 바람을 피울 수도 있고, 배신을 당할 수도 있고, 차일 수도 있다. 물론 그 사람의 불행을 바라는 게 아니라 어디까지나 타이밍을 기다리란 얘기다. 어떤 일을 계기로 그 사람이 자기 평가가 떨어졌을 때를 기다려라.

좋아하는 사람에게 애인이 있고 호감을 숨기고 친구로 지내며 상담만 하는 게 괴로울 수 있다. 그래도 꾹 참고 고백 타이밍을 기다리자. 그것이 성공의 비결이다.

58

'특정화 심리 효과'로
당신을 떠나지 못하게 하라

———— ◆

'꽃뱀'이라고 불리는 여성이 있는데, 어떻게 보면 남성 심리를 잘 아는 사람들이다. '특정화 심리 효과'를 잘 알고 있다. 특정화 심리 효과란 자신의 가치를 인정해주는 사람에게 호감을 품는 것을 말한다. 예를 들어 상대방의 데이트 요청에 한 번 거절했다가 조금 시간을 두고 들어주는 식이다.

처음에 거절을 당하면 데이트를 권한 쪽은 마음이 위축되고 만다. 그럴 때 "생각해보니 당신이라면 괜찮은 것 같아요"라고 말하면 위축됐던 마음이 충족된다. 더욱이 '당신이라면'이라고 특정화함으로써 특별대우를 해주었기 때문에 더 큰 호의를 품게 된다. 이른바 '초조함 전략'이다.

일본 명품 거리 긴자의 유흥주점에 종사하는 여성들이 이 전략을 자주 사용한다. 예를 들어 같은 손님이라도 더 큰 금액을 쓰는 사람만 응대하는 식이다. 그러면 손님인데도 상대해주지 않는 데 자존심이 상한 남자들이 혈안이 되어 돈을 쓰게 된다.

남성 심리를 잘 알아서, 남성에게 들러붙기보다는 멀리 떨어져 거리를 둔다. 남성이 '더는 나를 상대해주지 않는구나' 하고 생각할 때 아무렇지 않은 척 '미안, 좀 도와줘요. 당신만이 날 구해줄 수 있어' 같은 메시지를 한 통 보낸다. 기분이 좋아진 남성은 지금껏 무시당했던 일은 싹 잊어버리고 여성을 위해 발 벗고 나서서 돈을 쓴다.

특정화 심리 효과는 매우 강력하다. 그래서 남성이 꽃뱀에게 크게 데어 떨어져 나갔어도, 다른 여성을 만나 연락이 끊겼어도 '역시 너밖에 없어', '다시 시작하고 싶어' 같은 연락이 오면 꽃뱀을 용서하고 마는 심리 상태가 된다.

비즈니스 현장에서도 이 기술을 사용할 수 있다. 거절하고 나서 다시 받아들이는 액션을 취하는 것인데, 이때 그 간격은 되도록 짧은 게 좋다. 의뢰 자체가 다른 회사로 넘어갈 수 있으니 거절하고 10분 이내에 다시 회신하자.

59

'앉는 위치'로 마음의 거리를
컨트롤하다

———— ✦

  남녀가 레스토랑에 들어가서 자연스레 자리에 앉을 때 그들은 무의식중에 자신이 편안한 자리를 골라 앉는다. 일반적으로 사각형 테이블에서 상대방이 어디에 앉는가를 보면 그 관계성을 알 수 있다.

  대각선으로 앉으면 두 사람의 친밀도는 낮다. 마주 보고 앉으면 두 사람은 대등한 위치거나 데이트한 지 얼마 되지 않은 사이다. 서로 90도로 앉으면 두 사람은 친밀도가 높고 데이트를 여러 번 한 사이다. 옆으로 나란히 앉으면 두 사람은 친밀도가 상당히 높고 마음을 주고받은 사이다.

  이처럼 어디에 앉느냐에 따라 관계성을 알 수 있는데, 이런 무의식적인 영역을 이용하면 마음의 거리를 컨트롤할 수 있다.

  실력 있는 바텐더는 바에 들어오는 남녀를 관찰하고 어느 자리로 안내할지를 궁리한다. 만약 남성이 새로운 여성을 만나고 싶어 하는 것 같으면 망설이지 않고 바 테이블로 안내한다. 남녀가 옆으로 나란히 앉으면 처음에는 긴장하지만 술이 들어가면서 점차 울타리가 낮아져 다음 단계로 진전되기 쉽다.

만약 당신이 호감 가는 이성과의 관계를 진전시키고 싶다면 테이블에 앉을 때 위치를 신경 쓰자. 상대와의 거리가 좁혀질 수 있는 자리를 선택하는 것이다.

다만 첫 데이트 때 갑자기 옆에 앉는 행동은 삼가야 한다. 상대방의 퍼스널 스페이스에 갑자기 침입하는 행위다. 그전에 술자리에서 어느 정도 친해져 심리적인 벽을 없앤 후에 이 기술을 구사하는 게 좋다.

60

'콘트라스트 효과'로
상대방의 선택을 컨트롤하다

---- ✦

'콘트라스트 효과'란 여러 가지 물건이 대비되어 제시되면 그 중에서 상대적으로 싼 물건이 실제로는 싸지 않은데도 '싸다'고 여겨지는 심리 현상이다. 고령자를 노린 사기꾼들이 주로 쓰는 수법이다. 노인들을 상대로 싸구려 물건을 판매하는 사기가 비일비재하다. 이불이나 건강식품 판매가 악질적인 예다.

사기꾼이 한 노인에게 50만 원을 갈취하기로 계획했다고 하자. 가게에 방문한 고령자에게 다양한 선물을 줘서 기분 좋게 한 후 팔고 싶은 물건을 꺼내며 "지금 사면 300만 원에 드리겠습니다."라고 말한다. 부자가 아닌 이상 당장 300만 원을 낼 수 있는 사람은 없다. 노인은 돈을 낼 수 없다고 거절하면서도 이런저런 선물을 받았기 때문에 미안한 마음을 품게 된다.

그때 "그럼 이 상품은 50만 원인데 어떻습니까?" 하고 다른 물건을 건넨다. 50만 원도 결코 적은 금액이 아니지만 300만 원에 비하면 매우 싸게 느껴지는 것이다.

　이것이 콘트라스트 효과다. 만약 비즈니스 현장에서 상대방에게 팔고 싶은 물건이 있다면 이 기술을 한번 시도해볼 수 있다. 예를 들어 고객과 거래하면 비싼 물건을 제시하고 나서 그보다 싼 물건을 제시하면 받아들여질 가능성이 커진다.

61

키스 성공률을
높이는 비법

───── ◆

　남녀가 서로 마음이 통해 특별한 관계가 되고 나서 첫키스를 하기까지가 가장 긴장되는 순간이 아닐까. 키스에 성공하는 비법이 있다. 바로 '혀'와 '삼각형 시선'이다.

　대화하면서 자연스럽게 혀를 내밀면 상대방에게 성적 어필이 되어 키스에 성공할 확률이 높아진다. 여성이 혀를 내밀면 대개의 남성은 귀엽다고 생각한다. 혀 내밀기는 남성도 사용할 수 있지만, 살짝 입술을 쓸어내는 정도가 적당하다. 구체적으로 말하면 마른 입술을 혓바닥으로 적시는 동작이다.

　삼각형 시선은 대화할 때 상대방의 오른쪽 눈, 왼쪽 눈, 입술을 차례대로 쳐다보는 것이다. 흔히 섹시한 분위기를 내는 사람을 보면 무의식중에 이 기술을 쓰고 있다. 주변에 그런 사람이 있다면 한번 행동을 관찰해보라. 분명 삼각형으로 시선을 둘 것이다.

왜 '혀'와 '삼각형 시선'이 키스 성공률을 높이는지는 밝혀지지 않았다. 인간이 키스하기 전에 반드시 행하는 동작이기 때문이라는 설이 있다. 생각해보면 확실히 키스하기 전에 자연스레 하는 동작이긴 하다.

사실 또 하나 비법이 있다. 바로 상대방에게 "당신과 키스하고 싶습니다" 하고 확실하게 말하는 것이다. 마음을 돌려서 말하면 상대방이 혼란스러워할 수 있다. 당신에게 호감이 있는 상대에게 직구를 던진다면 키스에 응해줄 것이다. 직접적으로 말하는 사람이 적기 때문에 더 기뻐할지도 모른다.

— 심리학아니다 —
심리술이다

5장

절체절명의 핀치에서
탈출할 수 있는
검은 심리기술

62

심리적으로 몰리면
'자기 설득'으로 이겨내라

◆

　'자기 설득'이란 오감을 통해 자신이 직접 마음속 깊이 메시지를 전하거나 설득해 의식적으로 사고를 잠재의식에 뿌리내리려는 것이다. 이른바 '확언(affirmation)'이라고도 하는데, 한 번쯤 들어보았을 것이다. 일종의 자기암시로 '나는 할 수 있어'라고 되뇌면 그렇게 행동할 수 있고, '나는 할 수 없어'라고 생각하면 그렇게 행동하고 마는 것이다.

　머릿속으로는 알고 있어도 자기 설득을 잘하지 못하는 사람이 많다. 이는 자신한테 실패 경험이 남아 있기 때문이다. 요컨대 과거의 경험에 덮어쓰기를 못하는 것이다. 만약 당신이 어떠한 이유로 심리적으로 몰렸다고 하자. 실패 경험을 지우지 않는 한 자기 설득은 무리다.

　실패 경험이 있어도 간단히 자기 설득을 할 수 있는 방법이 있다. 심리적으로 몰렸을 때 먼저 심호흡을 몇 번 해서 천천히 마음을 가라앉힌 후 심리적으로 몰린 상황을 잊어버리자. 눈을 감고 있으면 불안함이 더 커질 수 있는데 그런 생각조차 사라질 만큼 가만있자. 자신의 호흡에 집중하는 것도 좋다. 어쨌든 어떤 상황이든 의식을 무(無)의 상태로 만든다. 이때 자기 설득은 '나는 이것을 해결할 수 있음'이 아니라 '심리적으로 몰린 사실 자체를 잊음'이다.

영국 마술사 알레스터 크로올리(Aleister Crowley)라는 사람이 있다. 그의 마술은 잠재의식의 변용을 가져오는 기술이었다. 그런 그가 마술 후 반드시 행한 것이 '망각'인데, 마술로 바랐던 것을 잊어버리라고 제자에게 말했다고 한다.

망각은 사물을 해결하는 데 효과적이다. 심리적으로 몰릴 때 생각해내는 방안은 기본적으로 효율적이지 않다는 게 정신의학 세계에서도 증명되고 있다. 망각은 일단 마음을 중립(neutral)에 넣는 작업이다.

어떤 일이 생겼을 때는 반드시 마음을 무(無)의 상태로 만들자. 다음 행동으로 나아가는 것은 이후 문제다.

63

상사의 무리한 요구를
잘 거절하는 법

———— ◆

다른 사람의 업무를 완전히 무시하고 자신의 업무를 무리하게 진행하는 상사는 어느 회사에나 있다. 무시할 수 있으면 무시하고 넘기면 좋겠지만 그렇게 할 수 없는 게 세상 이치다. 같은 부서에 배속되었다면 그야말로 비극이 아닐 수 없다.

그런 상사의 어처구니없는 행동에 반박할 방법이 있다. '호의의 자존 이론'을 맘껏 사용하자. 앞에서 언급한 바 있는데, 호의의 자존 이론은 자기 평가가 낮을 때 자신을 인정해준 상대방에게 강한 매력을 느끼는 심리 현상이다.

상사가 업무를 지시했다고 하자. 당신은 이미 포화 상태라 추가로 지시받은 일을 할 수 없는 상태다. 그런데 상사는 그런 사정은 무시하고 일을 떠맡긴다.

이때 아랑곳하지 말고 상사의 지시를 거절하면 된다. 미안해할 필요도 없다. 확실하게 거절하자. 자신의 상황을 전하고 못 한다고 말하는 것이다. 어느 정도 자신의 업무가 정리되면 상사를 찾아가 아까 거절한 업무를 '당신이 원하면 하겠다'라며 뜻을 전하자.

한 번 거절당해 불만이 쌓여 있던 상사는 자기 평가가 낮아진 상태다. 또한 다른 사람에게 짜증을 낸 것 자체가 자신의 평판을 깎는 행위다. 그런 상태일 때 '당신이 원하면 하겠다'라는 말을 들으면 자신을 위해 힘써줬다고 받아들이게 된다. 그러면 다음에 당신이 업무로 바쁠 때 무리한 일을 시키는 일은 없을 것이다.

상사가 지시한 일을 거절하는 것은 상당히 용기가 필요한 일이다. 하지만 이후 제대로 업무를 처리하기 위함이니 연습한다는 마음으로 거절을 시도해보라. 거절하는 연습을 확실히 해두는 것도 좋다.

상사에게 호의의 자존 이론을 잘 적용하는 사람이 있는가 하면 그렇게 못하는 사람도 있다. 한쪽에 치우치는 것은 좋지 않다. 만일의 사태에 적절히 사용하는 게 가장 바람직하다.

64

첫인상에 실패했다면 '친근 효과'로 만회하라

———— ◆

첫인상은 중요하다. 처음 만났을 때 당신의 이미지는 상대방의 머릿속에 새겨진다. 물론 첫인상을 만회하는 기술이 있으니 너무 걱정하지 않아도 되지만, 되도록 첫인상을 중요하게 여기고 신경 쓰는 게 좋다.

만약 좋은 첫인상을 심어주는 데 실패했다면 '친근 효과'를 반복해보라. 우선 '초두 효과'에 대해 알아야 한다. 매사 처음은 기억에 남기 쉽고 임팩트를 주기에도 쉽다는 이론이다. 그만큼 처음이 중요하다는 의미다.

'친근 효과'는 초두 효과와는 정반대로 매사 마지막이 기억에 남는다는 이론이다. 만일 첫인상에 실패했더라도 헤어질 때 상대방에게 제대로 임팩트를 심어주면 마지막 인상이 기억에 남는다. 첫인상에 실패한 것 같다면 친근 효과를 반복해 이용하자.

야쿠자는 친근 효과를 아주 잘 알고 있어서 술 마시러 간 가게에서 다소 거친 짓거리를 하고도 마지막에는 확실히 가게 주인에게 값을 치른다. 그러면 가게 주인은 '뭐, 제대로 돈은 받았으니 불평은 못 하겠네' 하는 마음이 된다. 가게 주인에게 야쿠자는 '민폐를 끼치는 손님'이 아니라 '제대로 돈을 지불하는 마음씨 좋은 손님'으로 비치는 것이다.

남녀관계에서도 마찬가지다. 상대에게 자신의 첫인상이 나쁘게 심겨 있다면 헤어질 때 좋은 인상을 남겨서 다음에 만나고 싶은 마음이 들게 해야 한다.

미국 캘리포니아 대학에서 '초두 효과와 친근 효과 중 어느 쪽이 더 상대방에게 좋은 인상을 심겨 줄 수 있는지'에 대해 심리 실험이 이루어졌다. 그 결과 70% 이상이 친근 효과가 더 좋았다고 답했다.

그러고 보면 끝이 좋으면 전부 좋다는 말도, 영화가 어떻게 끝나느냐에 따라 명작 여부가 판가름 난다는 말도 틀린 말은 아니다.

65
부부의 위기를
모면하다

———— ◆

〈3년째 외도(3年目の浮気)〉라는 곡이 있다. 주변의 뇌과학 종사자들을 보면 확실히 결혼 3년째쯤 바람피우는 사람이 많다. 3년쯤 되면 열애 기간이 끝나고 어느 정도 콩깍지가 벗겨져 서로가 냉정한 눈으로 상대방을 볼 수 있는 시기다.

심지어 결혼해서 아이가 태어나 아내가 육아로 바빠지는 시기이기도 해서 남편이 다른 여성에게 눈을 돌릴 위험이 있다. 과거에는 열렬히 사랑했던 사이인데 아내는 아이를 돌보느라 남편을 신경 써주지 못하니 많은 남편이 의기소침해지고 남자로서의 자신감을 잃는다.

아내는 육아에 몰두하느라 남편까지 챙기지 못해 서로 감정이 상하는 일도 자주 일어난다. 그렇게 부부의 위기가 닥치는 것이다.

위기를 극복하고 부부관계를 다시 회복하는 방법은 사실 간단하다. 한 달 동안 서로 스킨십을 반복하면 된다.

자연스럽게 할 수 있는 스킨십으로 '매일 마사지 해주기'가 있다. 마사지는 심리적 스트레스를 큰 폭으로 낮춰준다. 매일 서로 마사지해주는 부부는 사이가 좋을 뿐 아니라 연봉까지 높다는 영국의 연구 결과도 있다.

물론 부부의 위기가 있는 만큼 관계 회복에 대한 의지가 있고 서로 노력이 필요하다. 부부인 이상 노력해야 하지 않을까. 실제로 불륜을 저지른 한 남성은 아내와 이혼하기로 마음먹었는데, 한 달간 매일 서로 스킨십을 하면 헤어지겠다는 아내의 요구에 응했고 한 달 후 내연녀를 정리하고 다시 가정으로 돌아왔다고 한다.

스킨십은 인간의 심리 상태를 크게 바꿔준다. 부부간에 어떤 갈등이 생겼다면 일단 서로 손부터 잡고 스킨십을 해보는 게 좋다.

66

헤어질 때 상대방과의 연을
잘 끊어내는 법

———— ◆

　뉴스를 보면 여전히 남녀 간 갈등으로 인한 사건이 끊이지 않는 것 같다. 살인사건도 종종 보도되는데 이별 통보가 원인인 경우가 많다.

　사귈 땐 모두의 눈총을 살 만큼 깨가 쏟아지더니 무엇 때문인지 헤어지자는 말이 오가고 한쪽이 연을 끊어버린다. 그리고 이를 받아들이지 못한 한쪽은 분노를 폭발시킨다.

　TV에서나 볼 법한 남 이야기 같지만, 실제로 살해당한 사람도 자신이 뉴스의 주인공이 될 줄, 자신이 한때 사랑했던 이에게 살해당할 줄은 상상도 못 했으리라.

　물론 남녀가 사귀다 보면 이별할 수도 있다. 그런데 헤어지자는 말을 건넬 때 세심한 주의가 필요하다. 확실하게 헤어지되 상대방의 기분이 상하지 않게 조심하자.

　이별을 말할 땐 상대가 합리화할 수 있는 이유를 생각해야 한다. 상대방 입장에서 생각해보자. 만약 당신이 상대방에게 어느 날 갑자기 헤어지자는 말을 들었는데 그 이유로 "좋아하는 사람이 생겼어", "네가 싫어졌어" 같은 말을 들으면 어떤 기분이겠는가? 놀라고 자존심이 뭉개져 도저히 받아들이지 못하고 크게 분노하지 않을까.

심리학에서 합리화란 불안함 같은 부정적 감정으로부터 자신을 보호하는 방어 기능의 하나로, 마음의 안정을 유지하기 위해 자기 자신에게 거짓말을 하거나 정당화하는 것을 말한다. 상대방의 마음속에 합리화가 이루어질 수 있도록 이별의 이유를 대야 한다.

우선 "네가 싫은 건 아니야"라고 운을 뗀다. 그리고 "지금은 내 일에 집중하고 싶어", "내 꿈에 힘쓰고 싶어" 같은 그럴듯한 이유를 붙인다. 그러면 상대방은 헤어지는 게 자신의 잘못이 아니라며 이별의 이유를 자기 자신에게 정당화하여 상황을 받아들이기 쉬워진다. 다만 너무 뻔한 거짓말은 들통나기 쉬우니 그럴듯한 이유를 생각해야 한다.

67

사과해야 한다면 반드시
이 자리를 차지하라

───── ◆

　일본처럼 다양한 '사죄 방식'이 있는 나라도 드물다. 기자회견을 열어 대대적으로 사과하는 것은 일본이나 한국 정도가 아닐까. 그런데 사죄하고도 반감을 사는 경우가 있는가 하면 사죄하고 나서 지지를 받는 경우도 있다. 이왕이면 사죄 후 지지를 받는 게 낫다.

　인간은 사과를 받게 되면 뭔가 미안한 마음이 든다. 상대방이 자신을 낮춰 사과하는 순간 사과를 받는 쪽의 위치가 올라가게 된다. 주변에 사람이 있기라도 하면 갑자기 마음이 불편해진다. 그런 상황에서 계속 사과를 하면 "이제 됐다"라며 사과를 중단시키게 된다.

　이는 자신이 갑자기 그 자리의 분위기를 지배하게 되어 불편해졌기 때문이다. 이를 '공간 지배의 왜곡'이라고 한다. 예를 들어 조용한 음악을 듣다가 갑자기 헤비메탈이 들리면 깜짝 놀라

음악을 끄려고 할 것이다. 그것과 마찬가지다. 여느 때처럼 그 공간에 있는데 갑자기 사과를 받음으로써 단숨에 그 공간의 지배자가 된 것이니 당황하지 않는 게 이상하다.

사과할 때는 그 자리를 의식하는 것뿐 아니라 상대방의 출구를 막는 데에도 신경 써야 한다. 출구를 막아서 당신이 사과할 때 상대방이 그 장소를 벗어나지 못하도록 하는 것이다. 출구에 자리 잡음으로써 상대방은 당신의 사과를 받아줄 수밖에 없다. 거기에 공간 지배의 왜곡까지 더해지면 상대방은 얼른 사과를 받고 그 자리를 벗어나고 싶은 마음이 되는 것이다.

68

화난 사람을 한순간에 냉정하게 만들다

────── ✦

눈앞에 분노로 이성을 잃은 사람이 있다고 하자. 당신이라면 그 분노를 어떻게 가라앉히겠는가? 대화를 나누겠는가? 아니면 화가 가라앉을 때까지 가만히 기다리겠는가? 당신이 그 사람보다 더 화를 내는 게 정답이다.

보통 분노한 사람이 있으면 거리를 두고 되도록 관여하지 않을 텐데 그렇게 무시하면 그 사람은 더 화가 날 수 있다. 그런데 이때 자신보다 더 화를 내는 사람이 나타나면 퍼뜩 정신이 들고 한순간에 냉정해진다. 위험을 순식간에 감지하여 이성을 차리는 건 인간의 본능이다.

미국 몰래카메라 프로그램에서 금방이라도 주먹다짐을 할 것처럼 말다툼하는 사람들 옆에서 갑자기 혼자 화를 내는 장면을 봤다. 그렇게 하자 모든 사람이 갑자기 싸움을 그만두고 순식간에 냉정함을 찾았다.

원시시대에 인간은 외부의 적으로부터 자신을 보호하기 위해 위험을 감지해야 했는데, 이 본능은 유전자에 의해 현대인에게도 계승되었다.

만약 누군가가 당신에게 필요 이상으로 화를 터트린다면 기죽지 말고 더 크게 화를 내라. 또 누군가에게 협박을 당했다면 망설이지 말고 협박을 되돌려주라. 또 누군가가 당신에게 책임을 전가하면 주저 말고 다시 떠넘겨라. 상대방이 당신에게 하는 짓보다 크게, 두 배로 갚아주는 게 좋다.

쥐도 궁지에 몰리면 고양이를 문다는 속담이 있다. 한번 쥐에 물린 고양이는 얌전해진다. 온화하고 차분한 것도 좋지만 이것이 습관화되어 부당한 일에도 가만있으면 우습게 보일 뿐이다.

69

조직적으로 내몰리면
한 명씩 대처하라

———— ✦ ————

프랑스에는 사람 셋만 모이면 혁명을 꾀한다는 우스갯소리가 있다. 조직에 있으면 마음에 들지 않는 사람, 상대하고 싶지 않은 사람, 마음이 안 맞는 사람이 있다. 인간에게는 그룹에 속해 살든지, 단독으로 살든지 두 가지 선택지밖에 없다.

사람들과 함께 있을 때 안심이 되는 사람도 있고, 혼자 행동할 때 안심이 되는 사람도 있다. 그런데 어느 쪽이든 인간관계가 어그러지면 조직 내에서 고립되거나 정신적으로 몰리게 된다.

정신적으로 몰아붙이는 사람들 사이에도 리더는 있다. 조직이 몰아붙이는 것 같지만 사실은 리더가 당신을 싫어해서 다른 구성원을 부추기는 것이다. 결국 조직 전체에 내몰리더라도 진짜 적은 한 명이다. 이를 알았으면 이제 리더를 둘러싼 구성원부터 한 명씩 떨어뜨리면 된다.

방법은 간단하다. 구성원마다 "리더가 네가 싫다더라"라고 말하면 된다. 리더를 둘러싼 구성원들은 자신에게 이익이 있어서 뭉친 것이지 리더를 진심으로 따르는 것은 아니다. 오히려 리더를 두려워해서 그의 말을 따르는 경우가 많다.

그런 상황에서 '리더가 사실은 너를 싫어한다'라는 이야기를 들었으니 어떻게 되겠는가. 구성원 간에 서로 시기하고 의심하는 마음이 싹튼다. 시기하고 의심하는 마음이 한번 싹트면 알아서 자라난다. 특히 공포로 지배되던 그룹에는 아주 강력한 힘을 발휘한다. 그야말로 상당히 파괴적이다.

한 사람 한 사람의 마음속에 시기와 의심이 싹트게 해주면 리더한테서 멀어지는 사람이 속출하게 된다. 처음 몇 사람이 떨어져 나가면 그다음에는 가속도가 붙어 그룹이 붕괴해 당신을 향한 공격은 멈출 것이다.

이 수법은 마피아가 항쟁할 때 흔히 쓰는 것으로 '말이 총보다 강하다'는 이탈리아 마피아의 말 그대로다. 당하면 갚아주자. 순순히 물러나면 패배할 뿐이다.

70

발목을 잡는 상대는
자연스레 멀어져라

———— ✦

질투와 시기는 우습게 보면 안 된다. 살다 보면 반드시 당신을 질투하는 사람이 나타난다. 당신에게 재능이 있다면 그 출현 빈도는 비약적으로 높아진다. 당신의 발목을 잡는 사람의 대부분은 콤플렉스가 있다. 자신감이 없어서 다른 사람의 발목을 잡는 수단을 펼치는 것이다.

만약 누군가가 당신의 발목을 잡는다면 그 사람의 콤플렉스를 이용해 피하자. 콤플렉스에는 여러 종류가 있는데, 여기서는 '열등감 콤플렉스'를 이용하자.

예를 들어 당신의 어학 실력을 질투하는 사람이 당신의 발목을 잡는다고 하자. 그러면 그 사람의 어학 실력이 좋지 않다는 점을 공격하는 것이다.

"뭐야, 이렇게 간단한 것도 모르는 거야?"

"어쩌면 용케도 영어시험에 합격했네? 운이 좋았나 보다."

이런 식으로 상대가 건드리지 말았으면 하는 부분을 콕 집어 말한다. 그러면 상대방은 자존심이 망가질 텐데 중요한 건 여기서부터다. 인간은 자신의 자존심을 망가뜨리는 사람에게 접근하려 하지 않는다. 서둘러 그 자리를 피하고 싶어 한다. 당신이 그런 존재가 되면 상대방은 자연스레 당신에게서 떨어져 나갈 것이다.

과거 나치 독일에서 교도소 독방에 갇힌 죄수에게 온종일 자존심이 상하는 말을 던졌을 때 며칠이나 버틸 수 있는지를 측정하는 실험을 했다고 한다. 그랬더니 불과 3일 만에 죄수는 우울함에 빠지고 머리카락이 세더니 1주일 후에 정신이 이상해졌다고 한다. 죄수는 도망칠 곳도 없어서 일방적으로 공격을 받을 수밖에 없었다.

상대방의 콤플렉스를 직설적으로 공격하는 것은 상당한 위력을 발휘한다. 이 기술을 능숙하게 사용할 수 있으면 누구도 당신의 발목을 잡지 못할 것이다. 다만 너무 과하게 사용하면 성격이 나쁜 사람으로 여겨질 수 있으니 '이때다!' 싶을 때만 사용하길 바란다.

71

배신에는 배신을!
악마의 배반 심리기술

———— ◆ ————

살다 보면 언제 어디서고 한 번쯤은 배신을 당하는 일이 있다. 친구를 철석같이 믿었는데 돈을 송두리째 빼앗겼다든지, 결혼할 거라 굳게 믿었는데 다른 사람을 선택한다든지…, 비즈니스 현장뿐 아니라 남녀 간에도, 일상생활에서도 배신을 당하는 일은 일어날 수 있다.

물론 항상 조심하면 된다. 어떻게 모든 사람을 의심하고 조심하느냐, 지금껏 굳게 신뢰관계를 쌓은 사람까지 경계해야 하느냐고 할 수 있을지도 모르겠다. 하지만 그렇게 '그 사람은 그럴 리가 없어'라는 생각 때문에 뒤통수를 맞는 일이 발생하는 것이다.

사람이 배신당했을 때의 반응은 상대에게 화를 내거나 실망하거나 둘 중 하나다. 상대방에게 분노를 쏟아내든, 상대방을 믿은 게 잘못이라며 자책하든 배신당한 마음은 풀리지 않는다. 그리고 또다시 배신당하지 않을까 하는 걱정도 사그라지지 않는다. 그런데 믿었던 그 사람에게 배신당했을 때 빨리 회복하는 비결이 하나 있다.

바로 배신당했을 때 상대방을 용서하고 상냥하게 대하는 것이다. 화를 내도 모자랄 판에 용서하고 심지어 상냥하게 대하라니 어이없는 웃음을 터트리는 사람도 있을 것이다. 사실 진짜 용서하라는 게 아니라 용서하는 척하란 말이다.

당신이 그렇게 하면 상대방은 '인지적 불협화' 상태가 된다. 인지적 불협화는 두 가지 모순되는 인식이 만났을 때 일어나는 심리적 긴장 상태다.

상대방은 당신을 배신하고 당신이 화내고 실망할 것이라고 예상했을 것이다. 그런데 당신이 오히려 배신행위를 용서하며 '살다 보면 그럴 수도 있지' 하고 상냥하게 타이른다면 어떻게 될까?

상대방은 '혼나는 게 당연한데 오히려 위로받았다'라는 사실에 머릿속에서 인지적 불협화가 일어나게 된다. 그렇게 되면 상대방은 '두 번 다시 이 사람을 배신하면 안 되겠다. 이렇게 나를 믿어줄 사람은 앞으로 없을 거야'라고 생각하게 된다.

이후로 그 사람은 당신의 말을 전적으로 신뢰하게 된다. 이제 어느 타이밍에 이 사람을 배신해서 갚아줄지는 당신에게 달렸다.

종교에 빠진 사람 심리가 이와 비슷하다. 힘든 일이 있어서 자기 자신을 탓하며 의기소침해 있을 때 "아니야, 하나님은 당신을 사랑합니다" 하고 말하면 머릿속에서 인지 부조화가 일어난다. 사실의 인과관계를 맞추기 위해서 종교에 빠져들게 되는 것이다.

72

'노시보 효과'로 다시는
바람피우지 않게 하다

———— ✦

남녀 간 다툼의 이유로 가장 많은 게 외도 문제다. 부부가 되면 돈 문제로도 다툼이 발생하는데 일반적으로는 불륜이 가장 강력한 갈등 원인이다. 예전에는 바람이 났다고 하면 남자의 특권처럼 인식되는 경향이 있었는데 여자 쪽이 바람이 난 경우도 없지는 않다.

어느 쪽이든 배우자가 바람이 나면 기분이 나쁘고 그대로 용서하기에도 분하고 왠지 모르게 나만 손해 보는 것 같으면서 맞바람이라도 피워버릴까 싶은 생각까지 들면서 링 위에 올라온 복서처럼 전투태세가 된다.

연인이나 배우자가 바람을 피웠다면 '노시보 효과'로 상황을 헤쳐서 나가보자. 노시보 효과는 플라시보 효과와 반대되는 효과로 중성적인 자극이 해로운 효과를 가져오는 것이다. 예를 들어 해롭지 않은 설탕을 캡슐에 넣고 "이것은 맹독입니다" 하고 건네면 그 말을 믿은 상대방은 그 캡슐을 삼키고 독을 먹은 것처럼 반응할 수 있다. 플라시보 효과의 반대다.

상대가 바람을 피웠다면 제일 먼저 이렇게 말하자.

"그 사람과 절대 연락하지 마. 발견 즉시 이유를 막론하고 헤어지겠어."

'바람피운 상대와 연락한다 = 나와 헤어진다'라는 조건을 붙이는 것이다. 이렇게 말해도 일절 연락을 끊지는 않으리란 걸 상대방도 본인도 알고 있다. 하지만 노시보 효과로 인해 '연락=이별'이라는 공식이 머릿속에 박혔기 때문에 숨어서 연락하는 게 점점 꺼려지고 귀찮아진다.

저주 같은 미신이나 주술도 노시보 효과를 이용한 것이다. 미국 캘리포니아대학 샌디에고 캠퍼스의 심리학자들이 연구한 내용을 보면, 중국에서는 숫자 4가 불길하다고 여겨져 건물에 4층이 없으며 매월 4일에는 심장병으로 사망하는 사람이 28%나 많다는 데이터가 있다. 믿어도 그만 안 믿어도 그만이지만 어쨌든 바람피우지 않는 게 제일이다.

73

타인을 공격하지 않으면
안 되는 사람들의 공통점

──── ◆

학교, 회사, 각종 소그룹, 심지어 엄마들 모임까지 따돌림이 횡행하는 세상이다. 왜 사람들은 타인을 괴롭히고 궁지에 몰아넣는 걸까?

사실 따돌림에 가담하는 사람이나 따돌림을 주도하는 사람이나 공통된 특징이 있다. 바로 마음 그릇이 작다는 것이다. 한마디로 그들은 소심한 사람이다. 지난 경험을 돌이켜보며 '뭐? 그 사람이 소심하다고?' 하고 의아해할 수도 있다. 하지만 진짜 소심한 사람이다.

인간이 살아가는 데 있어 '욕구의 계층설'이라는 게 있다. 낮은 차원의 욕구에는 기본적인 결핍 욕구가 있고 높은 차원의 욕구에는 상위 수준의 성장 욕구가 있다. 결핍 욕구에는 생리적 욕구, 안전 욕구, 사회적 욕구, 승인 욕구가 있고 성장 욕구에는 자기실현 욕구가 있다. 자기실현 욕구 외에는 낮은 차원의 욕구라는 이야기다.

집단 따돌림이나 심리적 압박으로 타인을 괴롭히는 사람은 사회적 욕구와 승인 욕구가 특히 부족하다. 타인에게 사랑받길 원하고 어딘가에 소속되고 싶은 욕구가 강하며 가치 있는 존재로 인정받고 싶고 존경받고 싶어 한다. 그렇지 않은 상황이면 다른 수단으로 욕구를 대신 채우려고 한다. 그것이 바로 따돌림이다. 이렇게 가해자 쪽의 심리 상태를 보면 왜 그들을 소심하다고 말하는지 이해할 수 있을 것이다.

이와 관련해 어느 군대에서 실험을 진행했다. 자신보다 약하다고 생각되는 사람을 계속 공격하게 하고 피험자의 공격이 고조되었을 때 갑자기 반격하도록 한 후 반응을 알아보는 실험이었다. 모든 피험자가 전의를 상실했다는 결과가 나왔다.

따돌림이나 심리적인 압박을 당하면 망설이지 말고 반격하자. 상대방은 두 번 다시 당신에게 손대지 않을 것이다. '공격은 최대의 방어'라는 걸 기억하자.

74

상대방의 반론에 대항하지 않고
자신의 주장을 관철하는 법

———— ◆

셋 이상 모이면 의견이 엇갈리는 게 당연하다. 하물며 그 이상의 인원이 모이면 의견이 맞을 리 없다. 만약 회의에서 의견 일치를 보았다면 그것은 만장일치가 아니라 누군가가 양보한 결과라고 보아도 무방하다.

가령 당신이 프레젠테이션에서 어떤 아이디어를 제안했다고 하자. 그 아이디어를 들은 상사의 반응이 신통치 않자 직원 몇몇이 이의를 제기했다. 그때 발끈해서 반론하면 상대방의 반감을 사는 것은 물론이고 프레젠테이션마저 실패하게 될 것이다.

그럴 땐 자신의 잘못된 부분을 인정하자. 반론이 나온 상황에서 자신의 주장을 통과시키고 싶을 땐 오히려 자신에게 잘못이 있는 것처럼 보임으로써 상황을 유리하게 만들 수 있다.

"그 말도 맞습니다. 하지만 저는 이렇게 생각합니다. 물론 제 의견에도 오류가 있을 수 있고 미흡할 수도 있습니다. 그런 부분을 여러분이 의견을 내주어 보완해주었으면 합니다."

이런 식으로 끝맺으면 당신에 대한 반감이 줄어든다. 그뿐만 아니라 '여러분의 의견으로 보완해주었으면 한다'라는 말은 상대방의 자존심을 부추겨서 발전적인 의견 개진으로 이어질 수 있다.

미국의 전문 협상가는 '반드시'라고 해도 좋을 만큼 이 기술을 사용한다. 범인과의 협상 과정에서 자신에게도 잘못이 있음을 전하고 상대와의 타협점을 찾는 척하면서 방심을 유도해 인질 석방 및 사건 해결을 꾀한다. 기술 사용이 편리하면서도 효과는 크니 유용하게 구사하길 바란다.

6장

싫은 상대에게
조용히 반격할 수 있는
검은 심리기술

75

깔보는 시선의 동료를
'습관 지적'으로 밀어내다

---------- ◆

　선배나 상사는 몰라도 입사 동기나 같은 직급임에도 깔보는 시선으로 대하는 사람이 있다. 명문대학 출신 같은 이유로 자신이 더 능력이 뛰어나다고 멋대로 생각해 깔보는 것이다. 무시하는 게 제일이지만 이런 부류는 이쪽이 잠자코 있으면 점점 콧대가 높아지기 때문에 한번 콧대를 확 꺾어주는 게 안전하다.

　이때 '습관 지적'을 이용하자. 인간은 반드시 습관이 있다. 어릴 때부터 몸에 배기 때문에 습관을 고치기는 좀처럼 쉽지 않다. 비즈니스 현장에서도 여러 습관을 볼 수 있다. 예를 들어 프레젠테이션할 때 '그래서', '때문에' 등 특정 단어를 말하는 습관, 볼펜을 달칵달칵 누르는 습관, 말하기 전 목을 가다듬는 습관 등은 모두 몸에 밴 행동이다. 그리고 긴장을 완화하기 위해 무의식중에 하는 행동이다. 이 습관을 굳이 지적하는 것이다.

　"프레젠테이션 잘 봤어. 그런데 '때문에'라는 말을 너무 자주 하더라. 한번 신경 쓰이니까 집중력이 흐트러졌어. 앞으로는 주의하는 게 좋겠어."

당신의 지적을 받아들인 상대방은 다음에는 그렇게 하지 않도록 의식해서 행동하게 된다. 그런데 무의식적인 행위를 의식하게 되면 다른 것에 대응할 수 없게 된다. 게다가 그 행위가 긴장을 완화하기 위한 동작이었기 때문에 그 행위를 의식하면 더더욱 긴장이 고조되어 머릿속이 백지상태가 되어 프레젠테이션을 망칠 수도 있다.

골프나 야구에서도 조언을 듣고 폼을 바꿨을 때 오히려 스코어가 떨어지거나 공을 칠 수 없게 되는 것도 같은 이유다.

76
'허위기억'으로
라이벌과의 격차를 벌리다

─────◆

어느 분야든 라이벌이 존재한다. 라이벌이 있어야 성장할 수 있기 때문에 결코 무조건 악이라 할 수는 없다. 진정한 라이벌은 서로 존중하고 맞설 땐 온힘을 다해 정정당당하게 맞선다. 그런 라이벌 관계가 있으면 좋지만 그렇게 서로에게 긍정적인 자극을 주는 관계는 현실에 별로 없다.

라이벌이 싫다면 자멸시킬 수 있다. 이때 '허위기억'을 사용한다. 허위기억이란 왜곡된 기억이나 실제로 일어나지 않은 상상의 기억을 말한다. 즉 가짜 기억이다.

미국의 인지심리학자 엘리자베스 로프터스(E. Loftus)가 실시한 가짜 기억 실험을 보자.

그룹을 둘로 나누어 교통사고 영상을 보여주고 한쪽 그룹에는 사실대로 질문했고 다른 그룹에는 "파란 차가 신호등 앞에 서 있던 흰 차를 추월하는 것을 보았습니까?" 하고 틀린 정보로 질문했다. 그랬더니 많은 사람이 '실제로 봤다'라고 답했다. 이로써 사람에게 잘못된 정보를 주면 기억의 정확도가 절반 정도로 떨어진다는 게 증명되었다.

예를 들어 당신과 라이벌이 어떤 안건을 두고 경쟁하고 있고 어떤 부동산을 어떻게 해서든 먼저 구입해야 한다고 하자. 당신은 라이벌에게 부동산에 관한 진짜 정보를 흘린 다음 "이번에는 손 떼겠어. 아무래도 이 부동산은 저당잡힌 것 같아"라고 하는 것이다.

라이벌은 반신반의하면서도 '혹시 진짠가?' 하는 마음도 품는다. 보는 것, 듣는 것 모두 의심하고 상상의 기억이 덧그려진다. 물론 라이벌도 제대로 조사할 테지만, 허위기억으로 괴로워하는 동안 이쪽은 시간을 벌 수 있다. 라이벌이 결단을 주저하는 동안 이쪽의 안건을 밀어붙일 수 있다.

허위기억은 8할의 진실과 2할의 거짓말이 좋다. 전부 거짓말이면 금세 들통나버리므로 추천하지 않는다. 이 비율이라면 상대로부터 "거짓 정보를 흘리다니, 비겁하다"라는 비난을 받아도 대부분이 진짜 정보이기 때문에 거짓말을 한 건 아니라고 확실히 말할 수 있다.

77

싫은 상사를
'혐오요법'으로 눌러주다

———— ✦

    회사 내에서 마치 왕이라도 된 것처럼 호통치며 으스대는 상사가 더러 있다. 대단한 일을 하는 것도 아니면서 왜 저러는지 모르겠다는 게 솔직한 심정이지만 누구 한 명 나서서 말리지 못하는 게 현실이다.

    이럴 때 '혐오요법'으로 대처하면 좋다. 혐오요법이란 부적절한 사고나 행동을 못 하게 하는 것을 목적으로 하는 심리요법으로 상대방의 사고나 행동을 혐오하도록 조건을 거는 것이다.

    대표적으로 담배를 피우면 기분이 나빠지거나 맛이 없다고 느껴지는 약(조건)을 주어 담배를 싫어하도록 하는 것이다. 인간은 위험을 피하도록 진화되었기 때문에 혐오요법은 효과가 있다.

    그럼 으스대는 상사에게 어떻게 혐오요법을 시행해야 할까? 바로 '낮은 주파수를 내는 것'이다. 사람이 들을 수 있는 주파수는 20Hz(헤르츠)에서 2만 Hz라고 알려져 있다. 20Hz보다 낮은 소리는 들리지 않아도 기분을 저조하게 만든다. 귀신이 나온다는 소문이 있는 장소에 낮은 주파수가 흐르는 경우가 많다. 낮은 주파수 탓에 환각을 보거나 귀신을 목격했다고 말하는 사람도 있다.

낮은 주파수를 낼 수 있는 스마트폰 애플리케이션이 있다. 상사가 큰소리로 으스대기 시작하면 즉시 애플리케이션을 실행하자. 그러면 상사는 파블로프의 개처럼 '으스댄다 → 기분이 나빠진다'라는 공식이 성립되기 때문에 으스대는 일이 점차 잦아들 것이다.

78

블랙 컨슈머를
'양해와 동의'로 입 다물게 하다

———— ✦

블랙 컨슈머를 침묵시켰다고 하면 마치 힘으로 굴복시켰다는 뉘앙스로 들린다. 그러나 힘으로 굴복하다가는 자칫 불에 기름을 붓는 사태가 되어버린다. 제대로 된 기술을 익혀 블랙 컨슈머를 회피하는 게 옳다.

지금은 소비자의 입소문이 무서운 시대다. SNS에 곧바로 소문이 퍼지는 게 무서워서 기업은 방심을 늦출 수 없다. 그런데 아무리 확실한 서비스를 제공해도 트집을 잡아 컴플레인을 거는 상습범이 있다. 그때 사용하는 기술이 '양해와 동의'다.

블랙 컨슈머의 기분이 상하지 않게 "대단히 죄송합니다", "그 말씀이 맞습니다"라는 말을 연호하기 쉬운데 그런 말은 블랙 컨슈머에게 좋은 미끼가 되므로 삼가야 한다. 블랙 컨슈머가 점점 우쭐해질 뿐이다.

물론 블랙 컨슈머의 이야기를 듣는 것도 중요하다. 다만 처음

한마디 정도만 사과의 말을 전하면 충분하다.

이쪽에서는 블랙 컨슈머의 양해와 동의의 말을 끌어낼 필요가 있으니 다음과 같이 말하는 게 좋다.

"고객님 말씀은 이런 말씀 같은데, 맞습니까?"

"이 부분은 이렇게 이해했는데, 괜찮을까요?"

상대방이 "맞다", "그렇다"와 같이 양해와 동의의 말을 하도록 질문한다. 블랙 컨슈머가 본인 입으로 이런 양해와 동의의 말을 하게 되면 품고 있던 분노의 감정이 서서히 진정된다.

미국의 경찰기관에는 인질 교섭을 전문으로 하는 사람들이 있는데, 이 기술은 인질 협상의 기본 중의 기본이다. 케빈 스페이시가 출연한 미국 영화 〈네고시에이터〉에 인질 협상 기술이 아주 충실하게 재현되었다. '양해와 동의'를 이끌어내는 장면이 자주 나오니 꼭 한번 보고 참고하길 권한다.

79

연적을 물리치고
맘에 드는 상대를 손에 넣다

———— ✦

좋아하는 사람이 인기가 많으면 연적이 있을까 봐 걱정되고
또 연적의 존재를 알면 늘 신경 쓰이기 마련이다. 어떻게든 자신
을 좋아해주길 바라지만, 만약 연적이 자신보다 우월하면 마음
이 놓이지 않고 늘 불안하다. 이때 연적을 물리치는 아주 간단하
고 효과적인 기술이 있다. 바로 연적의 지각적 편견을 이용하는
것이다.

연적도 그 사람을 좋아하므로 잘생겼다는 둥 목소리가 좋다
는 둥 성격이 좋다는 둥 그 사람을 좋아하는 이유가 같다. 여기
서 연적의 편견을 깨뜨리는 것이다.

예를 들어 연적과 대화하다 좋아하는 사람이 화제에 올랐고
연적이 "잘생겨서 좋아"라고 했다고 하자. 그럼 지체 말고 "얼
굴은 ○○가 더 잘생겼지. 성격도 착하고" 하고 다른 사람을 언
급하는 거다. "그 사람도 성격 좋은걸" 하고 연적이 반박하면

"그렇지. 근데 요전에 ○○가 주도적으로 일을 해주어서…" 하고 다른 사람에 대해 이야기한다.

포인트는 결코 좋아하는 사람을 부정적으로 평하는 말은 입에 담지 않는 것이다. 어디까지나 다른 사람이 더 좋았다고 이야기한다.

지각적 편견은 간단히 말해 편견의 일종으로, 상대방을 어떻게 보는지는 그 사람의 편파성에 달려 있다는 이론이다. 연적이 그 사람에 대해 가진 편견을 다른 방향으로 수정하는 것이다.

자신이 좋아하는 사람을 누군가가 부정적으로 말하면 인간은 반드시 반감을 갖게 된다. 이를 '로미오와 줄리엣 효과'라고 하는데, 여기서는 부정적으로 말할 게 아니라 어디까지나 더 좋은 사람이 있음을 내세워야 한다. 그러면 연적은 그 사람에 대한 편견이 사라져 흥미를 잃을 가능성이 크다.

다만 편견을 없애는 작업을 하다가 당신 또한 좋아하는 사람에 대한 흥미를 잃을 수 있으니 주의하자.

80

'역 호손 효과'로
상대방의 의욕을 꺾다

───── ✦

　라이벌은 좋은 의미로도, 나쁜 의미로도 받아들여진다. 절차탁마해서 자신을 성장시키는 계기가 되는 존재라고 하면 필요하다. 그런데 때때로 라이벌 때문에 제 실력을 발휘하지 못하고 스트레스에 시달릴 가능성도 있다.

　이번에 소개하는 심리기술은 아주 암흑의 기술이기 때문에 웬만하면 사용하지 않는 게 좋다. 바로 '역 호손 효과'다. 호손효과는 누군가가 자신을 관찰하고 있으면 행동을 바꾸는 현상이다. 칭찬만 해줘도 노동자의 생산성이 높아지는 건 그래서다. 역 호손 효과는 그 반대로 누군가가 자신을 관찰하고 있지 않으면 행동이 느슨해지는 현상이다.

　예를 들어 라이벌이 어떤 기획을 생각해냈다고 하자. 당신이 그 기획을 가로채고 싶으면, 라이벌에게 "천천히 해도 돼. 상사도 그렇고 아무도 급해 보이지 않더라" 하고 전한다. 감시가 없는 상태에서 인간은 애쓰지 않게 되므로 라이벌은 손을 놓게 된다. 그동안 당신은 쉬지 말고 기획을 완성하여 라이벌보다 먼저 기획을 제출해버리는 것이다.

영국에서 감시가 있을 때와 없을 때의 차이를 실험했는데, CCTV가 있는 교실과 없는 교실의 시험 성적을 비교해보니 CCTV가 있는 교실의 점수가 평균 34점이나 높았다고 한다. 인간은 누군가가 보고 있으면 제대로 열심히 하지만, 아무도 보는 사람이 없다고 생각하면 힘을 뺀다.

역 호손 효과는 혼자 있는 공간에도 적용된다. 길을 가다 옆 차선 운전석을 보다 보면 혼자 운전할 때 코를 파거나 큰소리로 노래를 부르는 모습을 쉽게 볼 수 있다. 밖에서 누가 볼 수 있음에도 자동차라는 특수한 공간에 혼자 있기 때문에 자신을 감시하는 사람이 아무도 없다고 착각하고 느슨하게 행동하는 것이다.

다만 역 호손 효과는 상대방의 목을 서서히 조이는 것과 같은 위력이므로 꼭 필요한 경우에만 시도하길 바란다.

81

우쭐한 부하직원을
손바닥 위에 굴리다

━━━━ ✦

조직에 속해 몇 년이 지나 직급이 오르면 자기 아래로 부하직원이 생긴다. 조직을 운영하려면 위계질서가 필요하고 부하직원의 업무역량을 키워주는 것도 해야 할 일 중 하나가 된다.

그러나 사람을 다루는 일은 어려워서 너무 잘해주면 일을 게을리하고 너무 엄하게 하면 비협조적이 된다.

특히 부하직원이 자신보다 학력이 높으면 '상사보다 내가 더 잘났어'라고 생각해 상사의 지시에 불평을 표하고 험담을 중얼거리면서 싫은 내색을 하기도 한다. 겉으로는 따르면서도 속으로는 상사를 바보 취급한다.

이렇게 우쭐한 부하직원에게는 '피그말리온 효과'로 혼쭐을 낼 수 있다. 피그말리온 효과란 기대하는 말을 건네 생산성을 올리는 것이다. 기대하는 말을 해줄 때와 하지 않았을 때 성적이 좋고 나쁨이 달라진다는 것은 이미 1964년 샌프란시스코 초등학교에서 이루어진 실험에서도 증명된 바 있다.

우쭐한 부하직원은 기본적으로 인정받고 싶은 욕구가 강하다. 자신이 더 똑똑하고, 자신이 더 일을 잘한다고 생각하는 인간은 열에 아홉은 승인 욕구가 강해서 어떻게든 인정받고 싶고, 주목받고 싶어 한다. 그런 부하직원을 손바닥 안에서 굴리고 싶다면 그들을 칭찬해주자. 당신 스스로를 비하하는 말도 살살 해주면서 말이다.

"이야, 역시 대단한데! 나는 못하는 일을 아주 실수 하나 없이 하는군."

"정말 자네는 똑똑하군. 역시 생각했던 대로야."

칭찬해주면 부하직원은 점점 자존감이 높아져서 자신의 능력을 더더욱 증명하려고 한다. 그리고 이 기술을 사용하면 의외로 자신의 능력을 인정받아 기분이 좋아진 부하직원이 '나를 알아봐준 상사'라며 당신을 따르게 된다.

마치 일곱 살짜리 유치원생을 다루는 것 같은 기술이라는 생각이 들 텐데, 어른이라도 사람의 마음은 아이다운 면이 있음을 깨닫게 하는 심리기술이다.

82

도저히 좋아할 수 없는
상대를 멀리하다

───── ✦

아무런 잘못을 저지르지 않아도 살다 보면 반드시 적이 등장한다. 당신이 아무리 좋은 사람이라도, 아무리 남에게 잘해줘도 그와는 상관없이 당신을 싫어하는 사람이 반드시 나타난다. 반대의 경우도 있다. 도저히 생리적으로 받아들일 수 없는 사람, 아무래도 싫은 사람이 당신 눈앞에 나타난다.

그런 사람이 같은 회사에 있거나 심지어 같은 부서에 있으면 엄청난 스트레스를 받게 된다. 매일 짜증이 나고, 그 사람 때문에 기분이 나쁘고 신경 쓰여서 업무에 집중할 수 없게 된다.

이때 그 사람을 당신의 생각대로 움직이는 방법이 있다. 꽤 악의적인 기술이고 자칫 상대방의 인생을 바꾸어버릴 정도로 악랄하니 주의하길 바란다.

바로 '노시보 효과'를 이용하는 것이다. 노시보 효과는 플라시보의 반대로, 해가 없는 약을 독약이라고 생각하게 했을 때 그

약을 복용하면 실제로 독약을 먹은 것 같은 영향이 미치는 심리 현상이다.

기회를 봐서 당신이 싫어하는 사람에게 다음과 같이 말을 걸어보라.

"요즘 부장님이 계속 당신 험담을 하더라고요. 별일 아니면 좋겠지만…. 조심해요."

"부서 전체 분위기가 너무 안 좋지 않아요? 얼마 전에 누가 당신 험담을 하더라고요. 나는 당신 편이니까 안심해요. 여하튼 조심해요."

그렇게 말하면 상대방에게 자연스럽게 노시보 효과가 작용한다. 별일도 아닌 일을 나쁘게 받아들이거나 아무도 불평하지 않았는데 마치 자기 이야기를 한다고 생각한다. 그리고 유일한 아군이라고 믿는 당신에게 상담을 요청할 것이다. 그때 아무래도 부서를 이동하는 게 좋겠다고 입김을 불어 넣으면 된다. 그럼 원하는 대로 그 사람을 멀리 떨어뜨릴 수 있다.

실제 저주를 내릴 때 이런 방식으로 이루어진다. 자신이 저주받고 있다는 걸 모르면 저주 효과가 없고 반대로 자신이 저주받고 있다는 걸 알면 저주 효과가 발휘된다. 저주는 실제로 존재하지만 결코 오컬트적인 것은 아니라는 말이다.

83

절대로 악용하면 안 되는
금단의 마인드 컨트롤 테크닉

———— ◆ ————

마인드 컨트롤 테크닉이 여러 컬트 교단 및 범죄에 악용되고 있다. 마인드 컨트롤은 좀처럼 겉으로 드러나지 않기 때문에 많은 사람이 미지의 기술이라고 생각하는데, 사실 무의식중에 사용하는 사람도 꽤 있다.

예를 들어 가정폭력의 일종으로 아내에게 항상 부정적인 말을 퍼붓는 남편이 있다. 부정적인 말을 듣는 아내는 자존감이 낮아진다. 결혼해서 폐쇄적인 환경에 놓인 아내는 도망갈 곳도 없어 혼자 고립되어버린다. 그런 폭언 속에서 가끔 건네는 다정한 말에 크게 기뻐하면서 서서히 남편이 주는 찰나의 다정함에 의존하게 된다. 남들이 보기에는 '왜 당장 헤어지지 않지?' 하고 의아할 뿐이지만, 아내는 '남편이 항상 착하지 않은 건 내 탓'이라며 자신이 제대로만 하면 된다고 생각한다.

특수한 사례이고 가정폭력은 절대 있어서는 안 되지만, 주변에 싫어하는 사람이 있다면 참고할 만한 사례다. 우선 싫어하는 사람의 환경을 외롭게 바꿔야 한다. 그 사람을 고립시키고 부정적인 말을 잔뜩 퍼부어 몰아세울 수 있다.

고립시키는 것은 의외로 간단하다. 싫어하는 사람의 지인이나 친구를 조사하고 접근한다. 그리고 그 사람이 당신의 뒷담화를 했다고 전한다. 물론 그것은 거짓말이지만 아주 효과적이다. 그다음엔 가만있어도 당신이 싫어하는 사람은 지인이나 친구가 떠나서 고립될 것이다. 그 순간을 놓치지 말고 상담해주는 척 그 사람에게 접근하자. 그리고 그 사람의 단점을 친절하게 충고해주는 것이다. 이때 당신만이 그 사람의 유일한 상담자인 척하는 게 핵심이다.

인간은 자신을 믿어주는 사람 한 명만 있으면 그 사람에게 의존한다. 누구도 자신의 선택이 틀렸다는 걸 믿고 싶어 하지 않는다. 당신이 그 한 사람의 자리를 차지한다면 나머지는 뜻대로 할 수 있다.

지금껏 일본을 뒤흔든 수많은 범죄자가 이 기술을 사용했다. 사람을 지배하거나 감금하기 위해 사용하는 기술이므로 주의가 필요하다.

84

이상을 공유하여
싫은 거래처를 이용하다

———— ◆

마음에 들지 않는 거래처는 철저히 세뇌해서 자신이 원하는 대로 컨트롤하자. 사람을 세뇌할 때는 이상(理想) 묘사, 이론 제공, 현상 파악, 목표 설정, 지원(支援) 표명 순으로 진행한다.

상대에게 접근해 이상적인 세상을 떠올리게 한 후 행동하면 실현할 수 있다고 설명한다. 이것이 '이상 묘사'다. 상대방이 만약 이상 묘사에도 자신없어 하면 다른 이론이나 방법이 있다고 설명하여 상대방이 마음먹게 한다. 이것이 '이론 제공'이다. 상대방이 의욕적으로 되었을 때를 '현상 파악'이라고 한다. 파악한 후 함께 나아가는 것이 '목표 설정'이며 그에 대해 반드시 도움을 주겠다는 것이 '지원 표명'이다.

이런 흐름으로 진행하면 거래처는 당신에 대해 '매우 성실하고 수완이 좋으며 견실한 사람'이라고 인식하게 된다. 비록 당신은 그 거래처가 마음에 들지 않더라도 말이다.

누구나 싫어하는 거래처나 싫은 사람이 있기 마련인데, 싫다고 일하지 않을 수도 없다. 마음이 없어도 위와 같은 흐름으로 대하면 상대방은 원하는 대로 움직여주니 활용해보자.

덧붙여 이 테크닉은 옴진리교의 상층부 메뉴얼에도 게재되어 있었고 실제로 컬트 교단의 교과서적인 기초 지식이기도 하다. 1978년 짐 존스에 인도된 종교단체와 인민사원에서 신자를 포함해 900명 이상의 미국인이 집단 자살한 사건은 아주 유명하다. 당시 1,000명에 가까운 사람에게 마인드 컨트롤 테크닉으로 세뇌해 최악의 결과를 낸 것이다. 그만큼 아주 효과적이며 사람을 죽음에 이르게 할 정도로 강력하다. 부디 악용하는 일이 없도록 하자.

85

성격 나쁜 상대방의 본성을
드러나게 하다

———— ✦

상대방을 아무렇지 않게 모함하고 남의 남자친구나 남편을 가로채고 또 그렇게 손에 넣으면 흥미를 잃어버리고…. 상대방의 인생을 엉망진창으로 만들고 아무렇지 않게 생각하는 성격 나쁜 여성이 있다. 회사 내에서도 악질적으로 굴어 남자 직원의 페이스를 흐트러뜨리고 그런 상황을 즐긴다.

그런 여성은 한번 지옥을 보여주는 것으로 기를 꺾을 수 있다. '망상사고'를 심어주어 주변의 신용을 단번에 없애버리는 기술이다. 망상사고란 말 그대로 있지도 않은 것을 망상하여 혼란을 가져오는 것으로, 정치판의 뒤에서 자주 쓰이는 수법이다. 다음은 어디까지나 알기 쉽도록 설명하느라 과장한 사례라는 점을 미리 밝히겠다.

회사에 악마 같은 여자가 있으면 우선 그 사람의 책상에 남자가 쓴 가짜 연애편지를 몰래 가져다 놓자. 보내는 사람의 이름은 실명 말고, 회사에서 권력이 있는 사람의 이니셜을 적는다. 그걸 본 여자는 그 남자가 자신을 좋아한다고 믿을 것이다. 처음에는 경계할 수 있는데 계속 사랑한다고 고백하는 편지를 보내자. 그럼 그 여자는 점점 마음이 움직일 것이다.

여자에게 일어나는 마음 변화를 보면, 우선 우월감이 생기고 그다음에 망상에 빠져 있지도 않은 남자의 감정을 어떻게 가지고 놀지 궁리한다.

인간은 자신이 유리하다고 생각하는 순간 여유를 보인다. 특히 이런 유형의 여자는 마치 자신이 여왕이나 된 것처럼 행동한다. 이쯤 되면 편지를 보낸 사람이라고 알고 있는 남자에게 친근한 태도를 보일 것이다. 권력이 있는 남자는 '이 여자가 왜 자신에게 친근하게 굴지?' 하고 영문을 몰라 한다. 그러다 결국 다른 부서로 옮길 권력이 있으면 직접 이동시키고 그게 아니면 인사부에 요청할 것이다.

망상에 빠져 움직이는 여자의 모습은 그 자체가 우스울 것이다. 망상에 빠져 저지른 일이 화근이 되어 나중에는 자존심의 실추를 초래하게 될 것이다.

86
변변치 못한 남편을
갱생시키다

───── ◆

　바람둥이, 도박 중독, 알코올 중독 등 가족을 돌보지 않고 멋대로 사는 남편이 있다. 그런 사람을 응징하기 위한 악마의 테크닉을 소개한다.

　미국 심리학자 마타라조 박사는 끄덕임에 대해 연구했다. 면접 중에 면접관이 왕성하게 끄덕이는 그룹과 끄덕이는 횟수를 늘리지 않는 그룹으로 나누어 피험자의 반응을 살펴본 것이다. 고개를 왕성히 끄덕인 그룹에서는 피험자들의 발언이 늘어난 반면, 다른 그룹에서는 변화가 없었다.

　이 실험에서 알 수 있듯이 끄덕임은 발언을 촉진한다. 반대로 상대방의 기분이 고조되지 않게 하려면 끄덕임을 멈추면 된다. 이는 '무언의 테크닉'이라고 하는데, 상대방에게 공포심을 주고 싶을 때, 상대방보다 강한 인간임을 과시하고 싶을 때 사용한다. 무표정하게 고개를 끄덕이지도 않고 아무 말 없이 듣는 것만으로 상대방은 묘한 두려움을 느낀다.

가정에 충실하지 않은 남편이 집에 들어오면 최소한의 말만 나누자. "술 어디 있어?"라고 물으면 무표정으로 대답한다. "오늘 친구랑 한잔하고 왔어" 하면 "그래요?" 하고 무표정으로 대답한다. "오늘은 꼭 딸 거야"라며 카지노에 간다고 하면 "그래요?" 하고 무표정으로 대답한다. 아무런 잔소리도 하지 않기 때문에 처음에는 신나서 놀러 갈 테지만 점점 아내의 반응을 신경 쓸 것이다.

남편이 "도대체 왜 그래?" 하고 물어보면 그때 비로소 속마음을 털어놓는 것이다. 다만 이 방법은 어디까지나 죄책감이 있는 남편에게만 통하니 주의하자.

87

성희롱 상사와 성희롱 고객을
한순간에 묵살시키다

———— ✦

　뉴스를 보면 성적(性的) 학대 기사가 심심치 않게 일어나는 것 같다. 감소하기는커녕 증가하는 경향이 있어 안타깝다. 그런데 실은 증가하는 게 아니라 잠재되어 있던 것이 밝혀져 표면에 드러난 것뿐이 아닐까.

　성희롱은 예전부터 있었다. 인간의 문명이 있을 때부터 시작되었기 때문에 앞으로도 근절될 일은 없다고 본다. 성적 학대의 피해자는 거의 전부가 여성이다. 사람에 따라서는 평생의 트라우마가 되는 경우도 종종 있다.

　상사나 고객 등 여성보다 위치가 높은 사람이 성희롱 가해자인데, 먼저 이들이 왜 성희롱을 하는지 그 심리를 알 필요가 있다. 그들은 권력으로 지배하는 사고를 하고 있다. 즉 '내게는 권력이 있고 눈앞의 인간은 나를 거역할 수 없다'라는 생각에 마음속에 도사리고 있던 사디스트 성향이 고개를 드는 것이다. 상대방을 추행하며 강제적 태도를 취한다.

사디스트는 마조히스트 기질의 인간을 만나면 내심 흥분하지만, 사디스트 기질의 인간을 만나면 반응하지 않는다. SM클럽이라는 곳이 있는데, 그곳은 마조히스트 남성과 사디스트 여왕이 균형을 이루고 있다. 사디스트한테 똑같이 사디스트처럼 행동하면 순간적으로 기분 나빠하거나 멈칫한다. 성희롱하는 사람이 있다면 이 심리를 이용해 대응하자.

이성이 만졌을 때 "그만하세요"라고 말하는 것은 오히려 상대를 자극한다. 이때는 만지작대고 있는 상대방의 손을 힘껏 때려라. 뭐라고 말할 필요 없이 그냥 때려도 된다. 그러면 사디스트 성향의 성희롱 가해자는 어린 시절 어머니에게 꾸중 듣거나 맞았던 기억을 떠올리게 되어 단번에 죄책감을 품게 된다. 치한도 같은 방식으로 대응하자. 힘껏 때려주면 두 번 다시 건드리는 일은 없을 것이다.

88

잘난체하는 인간의 자존심을
제로로 만들다

———— ◆

묻지도 않았는데 자신의 자랑을 꺼내놓는 사람이 있다. 본인은 신나서 이야기하지만 듣는 쪽은 궁금하지도 않고 알고 싶지도 않아 그 시간이 곤욕이다. 자신의 자랑을 늘어놓는 사람이 있다면 이야기를 들어주자. 다만 그 사람의 자존심을 뭉개주는 쪽으로 말이다. 이때 'YES, BUT' 기술을 이용한다.

예를 들어 상대방이 자랑을 시작했다고 하자. "나는 옛날에 유도 도 대회에서 우승했어"라고 자랑하면 곧바로 "대단한데? 근데 전국 대회는 왜 안 나갔어?"라고 응수한다. "내가 영어회화는 좀 잘해"라고 자랑하면 곧바로 "대단한데? 근데 요즘 2개 국어는 다들 하지 않나?"라고 응수한다.

'YES, BUT' 기술은 마케팅에서도 자주 사용되는 기술이다. 마케팅에 쓰일 때는 반론하지 않고 상대방이 한 말을 수용했기 때문에 상대방은 자신의 의견이 받아들여졌다고 착각한다. 하지만 자랑을 늘어놓는 사람을 상대할 땐 반론을 일부러 드러내야 한다. 핵심은 상대방이 늘어놓는 자랑이 사실은 전혀 대단한 게 아니라고 여기게끔 하는 것이다.

그렇게 응수하면 상대방은 지금까지와는 전혀 다른 반응에 당황할 것이다. 마치 캐치볼을 할 때 자신이 던진 공을 그냥 보고 흘려버리는 상대를 보는 느낌이리라. 계속 던져도 자신에게 공이 돌아오지 않는다면 자랑을 늘어놓는 행위가 허무해질 것이다. 상대방의 자존심을 뭉개준다는 것이 이 기술의 가장 큰 장점이다.

'YES, BUT' 기술은 형사가 용의자를 추궁할 때 사용하기도 한다. 예를 들어 죄를 뉘우치지 않는 범인이 자신의 범죄를 자랑처럼 말하는 경우가 있다. 이런 사이코패스 범인을 상대할 때 이 기술을 이용한다. 범인이 한 일은 전혀 대단한 게 아님을 깨닫게 해서 정신적으로 몰아붙여 자백을 받아내는 것이다. 실제 미국 경찰기관에서 빈번히 사용되고 있다.

89

'애매한 말'로
상대방을 혼란에 빠뜨리다

———— ✦

애매함을 구사해 상대방을 손아귀에 넣는 대표적인 사람이 가짜 점쟁이나 가짜 영능력자다. 그들이 흔하게 사용하는 전술이 바로 '콜드리딩'이다.

"흠, 인간관계에 대한 고민이 있군요. 굳이 숨기지 않으셔도 됩니다. 저는 얼굴만 봐도 모든 것을 알 수 있거든요."

만약 내가 당신에게 이렇게 말했다면 어떤 생각이 드는가? 곰곰이 생각해보면 누구에게나 해당하는 말임을 알 수 있다. 이 세상에 인간관계에 대한 고민이 없는 사람이 어디 있는가.

하지만 이렇게 **애매한 말**을 던지면 인간은 무의식중에 그 말과 **관련된 사건을 찾는다.** 직장이라면 상사나 부하직원과의 관계, 사생활이라면 연인이나 반려자 혹은 아이와의 관계에 연관 짓는다.

이런 콜드리딩을 활용해 마음에 들지 않는 상대를 혼란스럽게 만들 수 있다.

가령 직장에 마음에 들지 않는 사람이 있는데, 그 사람이 프레
젠테이션 직후 시무룩한 얼굴로 회사 복도를 걷고 있다고 하자.
이때 "이번 프레젠테이션이 많이 힘들었나 봐"라고 말한다. 무
엇이 힘들었는지는 잘 모르지만 그렇게 말하는 것이다.

그러면 상대방은 프레젠테이션 결과가 안 좋았는지, 실수했
는지, 프레젠테이션 능력이 부족했는지는 몰라도 어쨌든 여러
가지 생각을 떠올리며 복잡한 심리 상태가 된다. 그런 심리 상태
로 빠뜨리는 데 한마디면 충분하다.

세상에 잘나가는 점쟁이가 점을 보는 방식을 보면 콜드리딩
능력이 뛰어난 데다 단언하는 능력까지 더해진 경우다. 그러면
사람들은 점쟁이가 애매하게 말해도 '저 사람은 나를 완전히 꿰
뚫어보고 있어' 하고 착각해 쉽게 속아넘어간다.

따돌림이나 가정폭력에서 벗어나는 슈퍼 심리기술

이 심리기술은 매우 위험하므로 사용은 삼가고 지식으로써 알아두기만 하자. 따돌림이나 가정폭력이라는 환경에서 도망치는 것이 물리적으로 불가능한 경우, 의식적으로 다른 인격을 만들어 편해질 수 있다.

공포와 고통을 의식하고 그 공포와 고통을 자신이 아니라 또 다른 사람이 느끼는 것이라고 상상한다. 그러면 어느 시점부터 공포도 아픔도 거짓말처럼 사라진다. 제2의 인격이 탄생하는 순간이다.

이는 미국, 러시아, 영국 등의 첩보원이 익히는 기술로 적에게 잡혀 고문을 당할 때 사용하는 심리기술이다. 일반인이 사용하기에는 위험 부담이 크다. 다른 인격이 완성되어 해리성 정체장애(다중인격)나 조현병을 앓을 수 있기 때문이다.

따돌림이나 가정폭력으로 고민하는 사람은 혼자 고민하지 말고 신뢰할 수 있는 사람이나 공공기관 또는 의료기관에 상담하자.

"사람을 저주하면 두 개의 구멍을 파라^{(나쁜 일을 하면 자신에게 돌아온다는}
^{뜻)}"라는 속담이 있는데, 이 책을 전부 읽었다면 저주는 일종의 심
리기술이라는 걸 알 것이다. 하지만 속담에 숨은 의미처럼 검은
심리기술도 그 결과가 사용한 사람에게 반드시 돌아온다.

좋은 의도로 심리기술을 사용하면 좋은 결과가 돌아오고, 나
쁜 의도로 사용하면 나쁜 결과가 돌아온다. 매우 명쾌한 논리다.
이 책에서 다루는 심리기술을 사용할 땐 부디 이 점을 잊지 말자.